Maria Gertrudes

# Entre a Razão e o Coração

INSTITUTO DE DIFUSÃO ESPÍRITA

**INSTITUTO DE DIFUSÃO ESPÍRITA**
Av. Otto Barreto, 1067 - Caixa Postal 110
CEP 13602-970 - Araras - SP - Brasil
Fone (19) 3541-0077 - Fax (19) 3541-0966
C.G.C. (MF) 44.220.101/0001-43
Inscrição Estadual 182.010.405.118

IDE EDITORA É APENAS UM NOME FANTASIA UTILIZADO PELO INSTITUTO DE DIFUSÃO ESPÍRITA, O QUAL DETÉM OS DIREITOS AUTORAIS DESTA OBRA.

**www.ide.org.br**
**info@ide.org.br**
**vendas@ide.org.br**

Um dia, quando esboçávamos "Entre a Razão e o Coração", perguntamos ao amorável benfeitor CHICO XAVIER:

– Quem vencerá, a Razão ou o Coração?

A resposta foi esta:

– Quem vencerá é DEUS, minha filha!

* * *

... E, em outra oportunidade, CHICO XAVIER nos interrogou ainda sobre este Romance:

– Com quem você ficará?

Sem hesitar, respondi-lhe:

– Com o coração!...

# DEDICATÓRIA

*Ao meu guia espiritual Alfredo Júlio Fernandes,*

*à querida sra. Juraci Furtado Chaves*

*e ao bondoso médium*

*sr. Pedro Lourdes de Morais,*

*dedico este trabalho.*

Capa:
*CÉSAR FRANÇA DE OLIVEIRA*



12ª edição – abril/2008
3.000 exemplares
(63.001 ao 66.000)

FICHA CATALOGRÁFICA

(Preparada na Editora)

Maluf, Maria Gertrudes Coelho, 1948-

M22e *Entre a Razão e o Coração* / Maria Gertrudes Coelho Maluf, Araras, SP, IDE, 12ª edição, 2008.

224 p.

ISBN 978-85-7341-379-3

1. Romance 2. Espiritismo I. Título.

CDD-869.935
-133.9

Índices para catálogo sistemático

1. Romance: Século 20: Literatura brasileira 869.935
2. Espiritismo 133.9

# ÍNDICE

## PRIMEIRA PARTE

*SEGUNDA PARTE*

# *Primeira Parte*

# *ISIS* *

"Este sentimento não tem razão de ser!"

Exclamava Isis, baixinho, passeando pelo quarto de dormir.

"É um tormento viver assim! Kemi não me sai da mente, um instante sequer..." – prosseguia monologando para extravasar aquele sentimento que a perturbava há alguns meses.

"Tenho família, compromissos e idade suficiente para saber o certo e o errado! Não. Não pode ser. Será obsessão?..."

Parou no meio do quarto, colocou a mão na testa, olhou para o teto, buscando resposta.

"Obsessão?!!!"

Respondeu a si mesma:

"É obsessão, sim!"

"Mas, eu quero esta obsessão!" – continuou teimosa.

Travava consigo mesma um duelo mental; de um lado a responsabilidade, do outro a ilusão.

Exausta daquele debate, tentou orar e mudar o rumo de seus pensamentos.

Desse modo, Isis adormeceu.

Mas, o sono não a descansava, seu Espírito atormentado procurava por ele.

---

(*) "Crer em todo Espírito, sem exercitar a razão, é comportamento tão contraproducente para o espírita e o Espiritismo, quanto a atitude do materialista que não aceita a evidência de Espírito algum." – Alfredo Júlio Fernandes, *Seareiros de Volta*, Waldo Vieira, FEB, 3ª edição, pág. 39.

Em outro lugar, alguém se torturava, igualmente preso aos mesmos anseios, era Kemi.

Que fizeram de tão grave as duas criaturas, mercê do destino terem seus caminhos novamente cruzados?

Tentavam fugir àquela irresistível atração, desde o primeiro instante em que se viram.

## *O REENCONTRO* *

Conheceram-se quando ele foi à sua residência encontrar o marido para uma transação comercial. Enon não estava e ela o convidou a esperá-lo, acreditando que o esposo não demoraria.

Enquanto o aguardavam, entretinha o interessante rapaz.

Depois de alguns minutos de conversa, Kemi observou o ambiente e meditativo, disse:

– Já estive aqui antes.

– Como? – perguntou-lhe, sem compreender.

– Sonhei com esta casa, nada aqui me é estranho e nem você...

Isis simpatizara com ele ao primeiro olhar e, sentindo-se à vontade, pediu-lhe confiante:

– Conte-me seu sonho.

– Nada que mereça destaque, apenas a vi em meu sonho. Você não me é estranha, apesar de ser esta a primeira vez que a vejo.

– Confesso que me assustei um pouco quando o vi, pareceu-me também já tê-lo visto.

---

(*) "As almas que vibram uníssonas reconhecem-se e chamam-se através do espaço." – Léon Denis, *O Problema do Ser, do Destino e da Dor*, FEB, 17ª edição, pág. 113.

O diálogo se estendeu por um bom tempo e, como Enon não apareceu, o rapaz se foi.

Kemi não lhe dissera tudo sobre seu sonho. Era a primeira vez que a via e preferiu omitir sobre o duelo entre ele e o seu marido, cujo motivo era ela.

Ambos ficaram impressionados com aquele encontro imprevisto.

Ele voltou à sua casa outras vezes e acabaram por se tornarem amigos.

## *A VIDA CONJUGAL* *

Isis observava o esposo dormindo ao lado. Sem sono, pensava no outro, parecia reviver imagens inexistentes que tinham vida e eram muito fortes.

Seu físico, delicado por natureza, aos poucos definhava e o semblante, dantes sereno, tornara-se melancólico e sonhador.

Nada a alegrava mais. Só se animava com a idéia de vê-lo.

Tinha que reagir, voltar a ser o que era antes.

Precisava de ajuda mas a quem recorrer?

"Quem sabe se falasse com Kemi..."

"Falar-lhe? Poderá ele me entender? É tão jovem!"

"Quero vê-lo!" – pensava teimosa.

No entanto, a responsabilidade e o temor desafiavam sua coragem.

---

(*) "... E merece notar-se que essa ausência de mudanças radicais é mais grave do que se as houvesse. Por isso e para cúmulo de paradoxo e infortúnio, legiões de Espíritos são, por séculos e séculos, mais lúcidos quando na carne do que quando livres no Espaço: os vícios a que se acomodam não lhes permitem liberdade para a fixação deles próprios na paz interior." – Alfredo Júlio Fernandes, *Seareiros de Volta*, Waldo Vieira, FEB, 3ª edição, pág. 39.

"Posso estar enganada, talvez!"

"Assim não posso continuar."

Seu temperamento impulsivo e enérgico faziam-na resolver rapidamente qualquer problema mas, naquele caso, temia piorar a situação.

"Ele vai rir-se, no mínimo!"

"Mas, e se for recíproco este sentimento? Poderei suscitar em sua alma um sonho impossível..."

"Não devo vê-lo mais e preciso ocultar-lhe meus sentimentos."

Esta idéia parecia ser sensata, mas seu coração a recusava.

Ele era demasiado importante. Sentia seus destinos selados e antevia para eles alegrias passageiras e tristezas profundas.

"Devo entregar-me a tais devaneios ou recuar?"

Kemi aparecia e desaparecia em sua mente fantasiosa.

"Tenho meu lar e um filho; que mais preciso, na vida, para ser feliz?"

Dizia em voz alta, quando só, procurando justificativas.

Era feliz até então, desempenhando o papel de esposa, embora nem tudo fosse um mar de rosas.

Pensou nas pessoas solitárias, sem lar. Enumerou os fatores positivos de sua vida, a religião que a sustentava... Meditou na sublime missão de Jesus, Seu nascimento, a trajetória de Nossa Senhora ao recebê-Lo na palha singela.

Sustentada por tais pensamentos, procurou ler para acalmar-se.

No dia seguinte, a aragem fresca do jardim e um raio do sol fizeram-na sentir-se menos apreensiva.

O esposo já se encontrava na sala de jantar terminando seu café.

– Bom dia!

Cumprimentou-o, sem graça.

O marido levantou-se, falando:

– Não me espere para almoçar, devo regressar à noite.

– Tudo bem.

Enon beijou-a, levemente, e se despediu.

Assim que ele partiu, Isis recolheu-se novamente ao quarto.

Aquele desinteresse abria imensas lacunas entre eles.

Ele, engolfado nos negócios, era obrigado a estar sempre fora, negligenciando os deveres conjugais. Ela se entregando aos devaneios para escapar à tensão da vida conjugal...

Às vezes, tinham discussões estéreis e ferinas.

Apesar da situação desgastante, Isis levaria avante seu compromisso, custasse o que custasse.

Recordou-se do conselho da mãe falecida, cuja sabedoria ela respeitava: "– Minha filha, ruim com eles, pior sem eles."

"Valeria o esforço?" – perguntava-se.

"Mamãe deveria ter suas razões para me aconselhar assim! Jamais a contrariarei..."

## *ENON* *

Enon apresentava dupla personalidade. O homem cavalheiro em sociedade transformava-se dentro do lar. Usava desta política para conseguir seus intentos: Polido por conveniência e violento quando queria amedrontá-la. Era este o homem que ela

(*) "Arraigada nas vidas passadas de todos aqueles que a compõem, a família terrestre é formada, assim, de agentes diversos, porquanto nela se reencontram, comumente, afetos e desafetos, amigos e inimigos, para os ajustes e reajustes indispensáveis, ante as leis do destino." – Emmanuel/F.C. Xavier, *Vida e Sexo,* FEB, 10ª edição, pág. 14.

enxergava. Satisfeitos seus impulsos mesquinhos, ele batia-se em retirada.

Mostrava-se acessível, quando tudo lhe era favorável. Contrariado, ele a deixava falando sozinha; saía de casa e só regressava horas depois. Esta estratégia muito a magoava.

Imaginara a vida conjugal diferente. Acostumada por seus pais, desde a mais tenra idade, ao diálogo franco e aberto, assustava-se com seus modos.

Sentia-se só e saudosa de seus genitores. O presente era triste, sem perspectiva de melhora, muito longe do aconchego que sonhara.

Amarrada àquele homem, mesmo procurando ser fiel ao compromisso assumido, seu Espírito era livre e não conseguia manter cativo o pensamento. O sonho era sua realidade.

Jesiel, seu filho de dez anos, se aproximou e com um beijo estalado no rosto, distraiu-a de suas conjeturas.

– Oi, mamãe!

– Querido! Já acordou? – perguntou, abraçando-o e beijando-lhe os cabelos negros e despenteados.

– Sabe mamãe, sonhei com você.

– É mesmo, Jesiel?!

Aconchegando-se nos braços da mãe, relatou:

– Você estava perdida numa floresta cheia de bichos, correndo perigo, nem papai e eu podíamos ajudá-la. Então, um homem se aproximou e a levou consigo. Sozinho, comecei a chorar... Aí, acordei!

– Meu filho, você viu este homem?

– Sim, ele era alto, cabelos castanhos claros. Lembrou-me nosso amigo Kemi.

Ouvindo aquele nome, Isis estremeceu. O menino percebeu e indagou curioso:

– Mamãe o que foi?

– Nada, querido, nada, a mamãe tem um pouco de enxaqueca, prepare-se para ir à aula, senão vai se atrasar.

– Papai já foi?

– Já, querido.

– Que pena, ele nem se despediu de mim!

Jesiel saiu para vestir seu uniforme. Culpou-se por seus pensamentos. O sonho do filho fora o símbolo de seus devaneios. A fuga era o sonho e a realidade, a floresta.

Às vezes, recusava-se a crer na veracidade de seus sentimentos, tentava se convencer de que criara uma personagem fictícia, alguém para sonhar.

## *O CENTRO ESPÍRITA* *

Isis lecionava numa escola pública, no período da tarde.

Uma vez na semana, freqüentava um Centro Espírita, perto de sua casa. O filho a acompanhava sempre às reuniões noturnas. Procurava educá-lo dentro dos mesmos preceitos cristãos que recebera de seus pais.

O esposo desdenhava de sua seita, alegando que a religião é uma necessidade de pessoas fracas e implicava por levar Jesiel.

– Não quero ter um filho fanático, como você, indo ao Centro todos os dias!

---

(*) "O Espiritismo é a chave com o auxílio da qual tudo se explica de modo fácil." – Allan Kardec, *O Evangelho Segundo o Espiritismo*, FEB, 107ª edição, pág. 57.

– Mas, Enon, vamos apenas uma vez por semana! – explicava-se.

– Isto não é verdade!

– Você é que não pára em casa, para saber onde estamos! Como irá educar nosso filho?

Mediante seus argumentos, ele se calava.

O Centro Espírita ajudava-a a superar seus problemas. Lá passava momentos felizes, encontrando seus verdadeiros irmãos e dentre eles, Amélia, uma senhora idosa que a acalmava nas horas difíceis.

A afeição espontânea e desinteressada que as unia vinha da ligação espiritual de um passado milenar.

A caminho do Centro Espírita, Isis olhou as estrelas que brilhavam, trêmulas no céu, respirou o ar sentindo-se leve. Jesiel a acompanhava.

Quanta paz transbordava naquele ambiente simples!

O dirigente da reunião falou calmamente:

– Vamos orar a Nosso Senhor Jesus, para que Ele nos proporcione paz.

Após o "Pai Nosso", alguém leu *O Evangelho,* aberto "ao acaso", na lição "A melancolia" do Espírito de François de Genève. A leitura enquadrava-se exatamente ao seu drama íntimo.

Isis ouvia atenta. Tinha a impressão de que o orador se dirigia a ela, pois referia-se à missão da família. Suas palavras os induziam a suportarem os desgostos com coragem e fé, ao invés de se entregarem ao desânimo. Alegava que a tristeza enfraquece a vontade e o caráter, levando à obsessão.

Sob o eflúvio dessa página, orou fervorosamente a Jesus para se libertar daquele sentimento obsessivo.

Ao saírem do templo, Isis procurou por Amélia.

– Olá, Isis!

Abraçaram-se demoradamente.

– Como vai?

Amélia, médium vidente e muito intuitiva, detectou uma sombra escura que envolvia a amiga e preocupada falou:

– Você está bem, mesmo?

– Claro! Não lhe pareço?

– Uma preocupação à toa, mas gostaria de falar-lhe com calma.

– Está bem, Amélia, preciso mesmo de alguém para conversar.

– Venha sábado à minha casa?

– Sim, eu irei.

Despediu-se apressadamente dela e dos outros, era tarde e talvez Enon já estivesse em casa.

## *O INESPERADO ENCONTRO* *

Mãe e filho, ao atravessarem a rua, encontraram Kemi, inesperadamente. Aquela incrível coincidência encheu de alegria seu coração.

Cumprimentaram-se.

Esforçou-se por se mostrar natural, mas não conseguia dissimular a emoção.

Ele parou, desceu do carro e os convidou:

– Entrem, vou levá-los.

---

(*) "Com a reencarnação e progresso a que dá lugar, todos os que se amaram tornam a encontrar-se na Terra e no espaço e juntos gravitam para Deus." – Allan Kardec, *O Evangelho Segundo o Espiritismo*, FEB, 107ª edição, pág. 92.

– Não se preocupe, Kemi, é perto.

– É tarde, não os deixarei irem sozinhos.

– Obrigada por sua gentileza.

Devido à insistência, aceitaram o convite.

– O que tem feito, Isis?

– Nada de especial, além do cotidiano.

Jesiel que acompanhava o pequeno diálogo, os interrompeu:

– Mãe, Kemi é o homem do meu sonho.

– Que sonho Jesiel? – perguntou-lhe, interessado.

Jesiel narrou o sonho em poucas palavras e ambos riram do menino e do sonho, mas o episódio não passou despercebido a Kemi.

– Como você sabe, se não viu seu rosto, Jesiel?

– Mas sei que é ele, mãe!

Aproximaram-se da casa. Jesiel, vendo as luzes acesas, desceu e correu ao encontro do pai.

Querendo prolongar um pouco mais sua presença, Isis o convidou:

– Vamos entrar?

– Não, obrigado, tenho que me levantar cedo, amanhã. Boa noite, Isis.

Ele estendeu-lhe a mão e ela respondeu:

– Boa noite!

O toque corriqueiro das mãos causo-lhes certo embaraço. Foi como se recebessem uma mútua transfusão de energias, guardando a sensação daquele contato.

Como era difícil deixá-lo, quando a vontade era continuar.

Não falavam porque os sentimentos dispensam palavras.

Isis não sabia se agradecia ou deplorava aquele momento.

Trazia o rosto em brasa, ao entrar em casa. O esposo estava se banhando e teve tempo suficiente para se compor e acalmar o turbilhão de sua alma.

Esperou o terminar e perguntou-lhe:

– Como foi o trabalho?

A resposta foi lacônica:

– Bem.

– Você parece preocupado?

– Impressão sua, nada mais.

Desanimada, deixou-o entregue à sua indisposição e foi preparar-lhe um lanche. Não adiantava forçar. Enon era temperamental e seu humor flexível alterava-se conforme suas finanças.

Entre os afazeres domésticos, a escola, o esposo e os cuidados com o filho, a semana transcorria aparentemente tranqüila. Pensou em falar com Kemi. Havia algo errado entre eles, eram amigos e poderiam conversar, talvez aquela estranha impressão se desfizesse. Criou coragem e ligou para seu escritório.

A sua calma encorajou-a.

– Desculpe-me, Kemi, ligar-lhe em pleno trabalho...

Ele, porém, mostrou-se feliz com o seu telefonema:

– É um prazer falar com você!

Isis convidou-o:

– Gostaria que participasse conosco dos trabalhos do Centro. Se aceitar meu convite ficarei muito contente.

– Verdade? Mas, o quê a levou a me convidar?

– Não sei, talvez minha intuição?

– Acho que você acertou, estou mesmo precisando buscar Deus.

Seu tom de voz era melancólico.

– Então, não está aborrecido com o convite?

– Estou feliz por ter se lembrado de mim.

– Sexta-feira é o dia ideal, eu o aguardo, lá conversaremos.

– Está bem, até sexta, então.

Bastou a certeza de encontrá-lo para se sentir a pessoa mais ditosa do mundo.

## *AMÉLIA* *

Recordou-se de que deveria ir à casa de Amélia, naquele mesmo dia.

Amélia era muito respeitada nos meios espíritas, por seus dons mediúnicos, graças ao contínuo esforço nas boas obras.

Vivia sozinha com seus gatos, cachorros e a mulata. Isis, em sua casa, sentia a mesma paz do Centro Espírita.

O teor vibratório era elevadíssimo, fruto das emanações de sua moradora. A casa simples e acolhedora, cheia de plantas em vasos pequenos, tornavam a atmosfera leve. Algumas folhagens perfumavam o ambiente. Amélia, muito afeita aos chás, possuía várias folhas, cuja mistura tornava a bebida diferente e saborosa.

– Seja bem-vinda, minha filha, sente-se – apontou-lhe um banco.

E foi logo servindo-lhe um chazinho, cobrindo a jovem amiga de mimos e atenções.

A suave tranqüilidade, estampada em seu rosto, chamou-lhe a atenção:

---

(*) "Os laços de sangue não criam forçosamente os liames entre os Espíritos." – Allan Kardec, *O Evangelho Segundo o Espiritismo*, FEB, 107ª edição, pág. 237.

– Como consegue se manter tão serena nesta época perturbada que vivemos?

Amélia sorriu prazerosa:

– É Deus, minha filha! É Deus, esta Luz Divina!

Comentaram sobre as atividades na Casa Espírita que freqüentavam. Desejosa de ajudar a amiga, aproveitou de uma deixa na conversação, para sondá-la amorosamente:

– Você não está bem! Não é verdade? Eu a conheço Isis!

– É verdade, querida, sinto-me angustiada e inquieta ultimamente, tento não dar crédito ao que se passa mas está difícil!

Incentivada a falar, Isis pegou as mãos da amiga e deu vazão aos seus problemas mas omitiu-lhe, por precaução, o tormento mais profundo que a martirizava. Falou-lhe do esposo, do filho, do lar...

Amélia olhou-a apreensiva, percebendo que ela lhe escondia algo.

– Isis, não é só isto!...

Sentindo-se descoberta, caiu em pranto como uma criança.

– Chore Isis, você se sentirá bem melhor. As lágrimas são bálsamos que nos aliviam o coração...

Argumentou compreensiva enquanto passava a mão por sua cabeça.

– Outro dia, Amélia, contar-lhe-ei, hoje não tenho condições. Eu lhe falarei...

– Está bem, se assim o preferir, minha filha. Mas, acalme-se, tudo tem solução. Confiemos em Jesus, isto vai passar.

Mais calma, despediu-se, com a promessa de confiar-lhe o motivo de suas lágrimas.

Amélia, como de costume, acompanhou-a com o olhar até

ela desaparecer, depois fitou o céu e vendo sua estrela preferida que começava a brilhar no firmamento, rogou aos mensageiros da luz para a querida companheira.

Isis pensava em voz alta:

"Por que não consegui desabafar-me com ela?"

"Meus sentimentos não são dignos de uma cristã."

"Como expor problemas tão delicados?"

"Somente ele poderá me ajudar!"

Certa de que ninguém poderia ajudá-la senão Kemi, aguardava ansiosa uma oportunidade para lhe falar, mesmo temendo ser mal interpretada. Mas a incerteza dos sentimentos dele em relação a ela, isto sim, fazia-a recuar.

"O que me leva a crer que ele comunga comigo da mesma afeição? Onde há certeza? Não estarei fantasiando em demasia? Tenho de saber..."

A sexta-feira chegou. O Centro estava cheio. Kemi procurou vê-la e não a encontrando, assentou-se atrás. A penumbra convidava à meditação. Isis e o filho, assentados nos primeiros bancos, não o haviam visto.

Encontraram-se ao terminar a sessão.

– Boa noite, Isis, olá, Jesiel!

– Boa noite, Kemi!

Disseram em uma só voz mãe e filho.

– Que bom, você veio! – exclamou, satisfeita.

– Agradeço-lhe, estava, realmente, precisando de um ambiente sereno como este. Enon não os acompanhou?

– Enon?!!! Ele se encontra muito atarefado para se dirigir a Deus.

Respondeu Isis, dando-lhe a entender que ir a um Centro Espírita, seria um sacrifício enorme para o marido.

– Vou acompanhá-los, deixei meu carro – justificava-se ele, quando Amélia surgiu.

Isis apresentou-lhe Kemi e ficaram alguns minutos conversando sobre a explanação do orador.

Despediram-se dela, ali mesmo, à porta do Centro, e saíram os três.

Caminhavam calados, enquanto Jesiel pulava na calçada e se equilibrava no meio-fio.

– Você é espírita há quanto tempo Isis?

– Tive o privilégio de nascer em berço espírita.

– Tenho muito que aprender sobre o Espiritismo. Mas, o que a levou a me convidar para a reunião?

– É um assunto complicado Kemi, agora prefiro calar-me.

– Não a compreendo.

– Percebi que você precisava de um reforço espiritual.

– É só isto?

– Não, mas se gostou, poderá freqüentar quando quiser.

Convencido de que não era bem aquele o real motivo, calou-se.

Isis, brincalhona, arriscou:

– Foi um pretexto que encontrei para atraí-lo ao Centro...

– Acredito...

– Volte novamente, será um prazer para nós!

Kemi prometeu que retornaria ao Centro. Despediram-se ali mesmo meio constrangidos. Ele olhou-a demoradamente. Isis não sustentou aquele olhar e, emocionada, entrou em casa, apressadamente.

## *KEMI* *

Kemi, agora, caminhava só, escutando os próprios passos no silêncio da noite. Meditava na palestra que ouvira sobre o capítulo "A felicidade não é deste mundo" – A felicidade é uma utopia se baseada em coisas perecíveis. – "Se o homem ajuizado é uma raridade neste mundo, o homem absolutamente feliz jamais foi encontrado." (1)

Os conceitos do Evangelho levaram-no a meditar sobre sua vida, até então.

Origem obscura, desde pequeno lutara por sua independência, na conquista de seu diploma, sem auxílio de ninguém. Ainda menino, o pai falecera, restando-lhe o carinho da mãezinha doente e uma irmã mais moça. Era esta a sua família.

Atingira a fase adulta, sem tempo para diversão fútil ou mesmo namorar.

O trabalho e a responsabilidade do lar o afastaram de qualquer ilusão, mas não o impediam de sonhar com alguém especial.

Kemi era um tipo atlético e elegante, cabelos castanhos e olhos penetrantes. Educado e gentil por natureza, era cortês e delicado com todos. Seus modos distintos cativavam, ao primeiro contato. Inteligente e sutil, hábil no falar, tornava-se facilmente confidente das pessoas. Teria sido um excelente psiquiatra, talvez...

Atingira os vinte e sete janeiros e, há um ano, com um amigo, montara um escritório de advocacia.

Este era Kemi, um jovem advogado.

---

(*) "O ser deve aperfeiçoar, embelezar incessantemente sua natureza íntima, aumentar o valor próprio, construir o edifício da consciência – tal é o fim de sua elevação." – Léon Denis, *O Problema do Ser, do Destino e da Dor,* FEB, 17ª edição, pág. 303.

(1) *O Evangelho Segundo o Espiritismo,* Allan Kardec, FEB, cap. V, 107ª edição, pág. 114.

Recordara-se das noites mergulhadas em livros e do trabalho de escriturário para garantir sua sobrevivência e a da família. Sentia-se enfim, recompensado, pela privilegiada posição econômica que no momento, desfrutava. Mas ainda havia muito a conquistar.

Debatia-se entre a razão e o coração, atraído por Isis desde o dia em que a vira.

Não obstante o respeito, entre eles havia um elã muito forte. A diferença de idade não era barreira para o mútuo entendimento. Seu aspecto delicado, o rosto de traços finos, atraíam-no. Considerava-a culta e conversavam sobre vários assuntos. Seu modo afetuoso e a doçura de sua voz o encantavam.

Kemi, de amigo passou a ser um espectador daquelas duas criaturas que, distantes, sobreviviam sob o mesmo teto.

Observador arguto do comportamento humano, pegava-se meditando naqueles personagens e na mudança que se acentuava entre os esposos.

Algo mudara.

Já não era com a mesma espontaneidade que os visitava. Esquivava-se dos convites para jantar, sentindo-se intruso e pouco à vontade.

Mesmo afastado deles percebia ser uma peça fundamental daquele quebra-cabeça.

Seus pensamentos atingiam o ápice naquela noite, de volta do Centro Espírita.

Ao chegar, recolheu-se em seu quarto, mais rápido que o habitual. Seu comportamento chamou a atenção da mãe, ainda acordada.

– Meu filho? – chamou-o – vai deitar-se?

– Sim, mamãe, estou um pouco cansado... Pensei que dormia – beijou-a, amoroso.

– A senhora está bem? – perguntou preocupado.

Ana olhou-o carinhosamente e sorriu:

– Estou bem, filho.

– Se precisar de algo, me chame, vou deitar-me.

E saiu do seu quarto depois de beijá-la, novamente.

## *O SONHO* *

Tinha o cérebro tumultuado, queria ficar só.

Deitou-se para dormir, mas não conseguiu... Sentia-se estranho, percebeu que seu corpo se dilatava no espaço, como quem começa a dormir, mas via-se estirado na cama. Consciente de seu estado, Kemi entrava em pleno desdobramento.

Transportou-se para uma residência, estilo antigo, rodeada de plantas, grande e arejada. Ele era o seu proprietário.

Órion, o protetor espiritual de Kemi, acompanhou-o àquele pretérito, fazendo-o compreender o que se passava em seu íntimo.

Seu pupilo merecia saber.

Suas atitudes nobres, naquela existência, haviam angariado crédito suficiente. Faltava despertá-lo para a Religião dos Espíritos e compreender as revelações do mundo invisível. O amigo espiritual aguardava paciente que ele se tranqüilizasse quanto às tribulações da vida, para auxiliá-lo como porta voz de socorro às pessoas necessitadas.

Kemi, em desdobramento, viu-se naquela mansão com uma mulher, venturosos, sem filhos e em perfeita harmonia conjugal.

---

(*) "Mesmo no estado ordinário, no estado de vigilância, podem emergências, impulsos do "eu" profundo, remontar até às camadas exteriores da personalidade, trazendo intuições, percepções, lampejos bruscos sobre o passado e o futuro do ser, os quais denotam faculdades muito extensas, que não pertencem ao "eu" normal." – Léon Denis, *O Problema do Ser, do Destino e da Dor,* FEB, 17ª edição, pág. 75.

Nada os perturbava. Os pensamentos se correspondiam apenas com um olhar.

Viu-se passeando com a meiga esposa, pela alameda de um bonito jardim, cheios de sonhos e esperanças.

Depois, viu-se só, viajando por lugares desconhecidos. Desesperado, tentou voltar, mas não o conseguiu.

Despertou daquele torpor, suado e desesperado, sem se dar conta de onde estava.

Nesse momento, um barulho maior na casa o fez voltar à realidade.

Assustado e convicto de que havia sonhado com Isis, pois ela era a venturosa esposa que o acompanhava no passeio.

Pensativo, não conseguia adormecer. Confuso com aquele sonho, transformado em pesadelo, não entendia se sonhara acordado ou dormindo.

Órion aproximou-se dele amorosamente e, como a uma criança, fê-lo dormir. Kemi não viu o Espírito amigo, mas acalmou-se.

## *DÓRIO* *

Amélia estava cuidando de suas plantas, quando seu irmão chegou.

– Dório, há quanto tempo não o vejo!

– Aqui estou, em carne e osso! – disse-lhe, abraçando-a efusivamente.

Dório, desfrutando de merecida aposentadoria, deixava a família para repousar por uns dias na companhia da querida irmã.

(*) "Nem sempre os Espíritos podem atender àqueles que os chamam." – Alfredo Júlio Fernandes, *Seareiros de Volta,* Waldo Vieira, FEB, 3ª edição, pág. 39.

– Que surpresa agradável Dório, por que não me avisou que chegaria?

– Quis fazer-lhe uma surpresa Meli, assim não foi melhor? Como vão as coisas por aqui?

– Tudo bem, tudo bem! – disse Amélia conduzindo-o casa a dentro e guardando seus pertences.

Os dois irmãos conversavam animadamente sobre a família que ele deixara para trás.

Entre eles existia grande afinidade espiritual. Excelente médium psicofônico e vidente, sua visita era oportuna. No momento, ele surgia como um auxílio. Havia tantas pessoas que batiam à sua porta!

Os irmãos pareciam dois velhinhos vestidos de anjo. Tinham as cabeças encanecidas e os modos afáveis, próprios das pessoas generosas e desinteressadas.

Naquela noite mesmo, reuniram-se em oração, para alcançarem as bênçãos celestiais. Fortaleciam-se a fim de se tornarem elementos valiosos em benefício das almas entregues à sua tutela espiritual.

Alguns amigos de Amélia vieram receber orientações, valendo-se das faculdades mediúnicas do irmão.

Entre os participantes estava Isis. Eram quinze pessoas acomodadas confortavelmente, em bancos e cadeiras.

O culto no lar iniciou com o soar das vinte horas, no velho relógio de parede.

Após as batidas, o silêncio os envolveu.

A sala estava banhada por uma penumbra que vinha da iluminação da rua. Oravam, silenciosamente e mantinham-se em suave expectativa. Alguns já o conheciam e outros estavam, ali, pela primeira vez. Estes últimos se quedavam em inquieta expectativa.

Com a vulgarização dos fenômenos mediúnicos, o miraculoso

deixou de existir. O intercâmbio com o mundo espiritual tornou-se natural.

Os médiuns disciplinados, transformam-se em instrumentos hábeis nas mãos dos Espíritos. Suas manifestações tornam-se um lenitivo para os que procuram ajuda.

Dório, consciente de sua mediunidade, servia de instrumento aos Espíritos, somente em presença de alguém da sua inteira confiança, temendo suas reações. Não era disciplinado, mas Amélia compreendia sua mediunidade e sabia como lidar com ele.

O médium precisava de silêncio. Um leve suspiro e o guia dele se manifestou.

Os enfermos indagavam de suas doenças, outros pediam orientações sobre problemas espirituais e de ordem familiar.

O Espírito os ouvia e os orientava.

Impelida, também, a perguntar sobre seus sentimentos, Isis estava indecisa e preferiu fazer uma pergunta mentalmente ao Espírito, talvez recebesse ajuda, sem precisar referir-se ao assunto. Seu problema era pequeno se comparado ao dos outros, mas ansiava saber a origem de seu tormento.

Reservou-se ao final. Tinha o coração acelerado.

Era sua vez.

Como fizeram os outros, sentou-se em frente ao médium para receber o passe e a orientação.

## *A SUTILEZA DE UM ESPÍRITO* *

Naquele momento, houve um interregno.

(*) "Deus outorgou ao homem a faculdade sonambúlica para fim útil e sério, não para que se informe do que não deva saber. Eis por que os sonâmbulos nem tudo podem dizer." – Allan Kardec, *O Livro dos Espíritos,* FEB, 74ª edição, pág. 233.

A voz do médium tornou-se diferente, sua fisionomia alterou-se.

Ele segurou-lhe as mãos. Àquele contato, Isis sentiu uma sensação ruim, quis soltar-se, mas a curiosidade fê-la continuar.

Era outro Espírito que se comunicava:

"Irmã,

Os Espíritos que se encontram em evolução, no orbe terrestre, estão revivendo oportunidades perdidas. São necessários os reencontros dos elos pretéritos para que acelerem o ritmo do seu progresso.

Muitos vacilam e sucumbem às provas, por falta do devido preparo.

Assim sucede a todos que almejam progredir. Sobrevêm testes em forma de problemas intrincados onde cada um deverá se armar de coragem, conhecimento, fé e paciência para transpor os obstáculos, até que os testes tenham solução. A irmã está prestes a entrar em estafa mental, que poderá afetar sua saúde.

Aguardemos outra oportunidade e poderá desfrutar da orientação que veio buscar dos Espíritos. Este quadro mental, em que se debate, muito a tem atormentado. É preciso coragem, irmã, é tudo que podemos lhe adiantar. É o pretérito de ambos.

Reveremos este quadro, aguarde!"

Isis não sabia o que dizer, seus olhos estavam marejados. Ficou profundamente tocada... Aquele Espírito conhecia sua intimidade, como se convivesse com ela, apesar da impressão negativa que lhe deixara.

Terminado o intercâmbio, o silêncio reinou...

A voz do médium voltou ao normal. Quase ninguém notou a mudança ocorrida naquela comunicação.

Amélia, entretanto, vigilante, o percebeu.

Em profundo respeito, agradeceram aos Espíritos e encerraram o intercâmbio.

Dório parecia voltar de um mundo distante, não se recordava de suas palavras.

Todos beberam da água fluida e foram se retirando pouco a pouco para seus lares.

Isis permaneceu por mais um instante. Indagava-se se o médium tinha consciência do que lhe falara. O olhar dele, porém, não demonstrava saber coisa alguma. Ela desistiu.

Estudiosa da Doutrina dos Espíritos, Isis sabia que era melhor refutar nove verdades do que se iludir com uma só mentira.

No campo das manifestações tinha muito que aprender.

## *OBSESSÃO* *

Ela não conseguia esquecer as palavras do Espírito: "São necessários os reencontros dos elos pretéritos para que acelerem o ritmo do seu progresso". O Espírito se referira ao seu compromisso familiar, ou seria dela e de Kemi? Aquela estranha comunicação fortalecia mais seus sentimentos em relação a ele.

Segundo o Espírito, seu caso era um reencontro de almas vinculadas no pretérito não muito distante.

A imagem de Kemi não a abandonava um só instante.

Dedicava-se com afã à escola, ao lar, mas o devaneio não lhe dava tréguas.

Passara-se uma semana, ela perturbada.

Precisava encontrar uma saída.

---

(*) "Sempre que uma idéia nos preocupa fortemente, tudo o que vemos se nos mostra ligado a essa idéia." – Allan Kardec, *O Livro dos Espíritos*, FEB, 74ª edição, pág. 225.

Procurou, novamente, os dois irmãos.

A presença deles dava-lhe certa segurança, para compreender o processo ardiloso em que se via envolvida.

Queria certificar-se da veracidade daquela comunicação.

Participou aos amigos o desejo de conversar com aquele Espírito, sem entrar em maiores detalhes.

O médium se dispôs a colaborar.

Estavam apenas os três.

Entraram em oração.

## *A VISITA DE UM ESPÍRITO* *

Dório concentrou-se, começou a descrever uma visita espiritual que naquele momento estava acontecendo ali:

"Encontra-se aqui uma menina de cabelos cacheados e loiros, ela traz em seus braços um ramalhete, está vestida de azul, à moda antiga, aparenta a idade de quatro para cinco anos.

Se pudessem ver como é meiga e graciosa! Deposita em seu regaço uma braçada de flores com muito carinho e diz que a ama."

Isis não conseguia ver o Espírito, mas sentia sua suave vibração. Agradeceu as flores espirituais, emocionada.

Amélia acompanhava o quadro. O médium informou-lhes que a menina agora, afastara-se.

---

(*) "435 – Pode o sonâmbulo ver os outros Espíritos?

"A maioria deles os vê muito bem, dependendo do grau e da natureza da lucidez de cada um." – Allan Kardec, *O Livro dos Espíritos*, FEB, 74ª edição, pág. 234.

## *A INFLUÊNCIA OBSESSIVA* *

Depois, a fisionomia do médium transformou-se totalmente, estava prepotente e seu ar era zombeteiro.

Tratava-se da entidade, que viera na reunião anterior e conversara com Isis. Era o mesmo tom de voz, não tinha dúvida!

Ele indagou:

– "A irmã gostaria de falar a sós?"

– Gostaria, se possível.

Amélia afastou-se, dizendo:

– Estou na sala ao lado, chame-me se precisar, Isis.

A sós com o médium que se submetia àquele Espírito, Isis ficou à vontade para falar.

A entidade foi logo falando:

"– A irmã se encontra perturbada pelas revelações que lhe foram feitas em sessão anterior e se indaga sobre sua veracidade.

Nós nos encontramos a serviço dos irmãos, para orientá-los na senda do destino. Mas, somos Espíritos de pouca evolução, não temos acesso a todas as questões porque, também, possuímos nossas limitações... A irmã vem se debatendo longamente num turbilhão de idéias que lhe tiram o repouso físico e mental.

Viemos para auxiliá-la a melhor compreender este drama íntimo que há alguns meses a perturba.

Poderá nos perguntar, se o preferir, responderemos o que estiver ao nosso alcance."

---

(*) "Expressar-se mediunicamente não é tão fácil quanto se pensa: para estabelecer uma correspondência de real valor, dos planos superiores para o mundo, o interessado vê-se constrangido a verdadeiro curso de manifestação." – Alfredo Júlio Fernandes, *Seareiros de Volta*, Waldo Vieira, FEB, 3ª edição, pág. 39.

"... mas um sonâmbulo pode ser assistido por um Espírito mentiroso, leviano, ou mesmo mau..." – Allan Kardec, *O Livro dos Médiuns*, IDE, 28ª edição, pág. 193.

Surpresa com a revelação de seu estado d'alma, pois não participara a ninguém suas dúvidas. O Espírito foi conquistando sua confiança. Compreendendo a colocação da entidade, perguntou-lhe:

– Irmão, estou realmente muito perturbada. Sinto que se continuar assim, poderei adoecer. Tento, em vão, sair desse emaranhado de idéias. Sinto-me subjugada. Estou sendo vítima de alguma influência espiritual ou será fruto de minha própria imaginação?

O Espírito silenciou alguns momentos e disse-lhe:

"A irmã está preparada para ouvir enfoques de uma vida anterior? Se estiver devidamente preparada, poderemos revelar-lhe o motivo de suas preocupações?!"

Isis, sem titubear, pediu que lhe mostrasse uma razão plausível para seu estranho comportamento nos últimos meses, pois pressentia viver um grande enigma.

## *NOTÍCIAS DE UMA ENCARNAÇÃO – MARROCOS* *

O Espírito, satisfeito, continuou:

"Voltemos à antepenúltima encarnação da irmã, em Marrocos, época em que teve uma vida conjugal muito feliz. As lembranças desse passado que se encontravam adormecidas, agora desabrocharam com o reencontro de ambos.

...A irmã era proprietária de um grande e movimentado bazar, com rico estoque. Além de tapetes persas, comerciava essências e especiarias orientais diversas que vinham de Java,

(*) "– 392 – Por que perde o Espírito encarnado a lembrança do seu passado?"

"Não pode o homem, nem deve, saber tudo. Deus assim o quer em sua sabedoria." – Allan Kardec, *O Livro dos Espíritos*, FEB, 74ª edição.

Ceilão e outras regiões como a Índia, mas o principal produto eram os belíssimos tapetes persas.

Deveria expor os preciosos tapetes quando um jovem, de porte atlético, aproximou-se procurando trabalho.

Taxativamente, disse-lhe:

"– Deve ter sido Deus que o enviou. Preciso de alguém como você."

Após breve entrevista, entenderam-se quanto ao novo trabalho e ele se comprometeu a voltar dentro de quinze dias, às nove horas.

Conforme o prometido, ele voltou.

Era um jovem belo, cabelos soltos e olhos castanhos claros. Delineou-se o trabalho e o salário.

Os tapetes eram comprados de outros países, peças bonitas e caras.

A irmã, solteira, independente, sentiu-se atraída por ele, desde o primeiro contato.

O jovem rapaz servia-a com verdadeira atenção.

Passou-se um ano de convivência e ambos se sentiram envolvidos na mesma atração.

Sobreveio o enlace.

De empregado, ele passou a ser proprietário.

Levaram uma vida feliz, em perfeita união conjugal, por oito anos, aproximadamente. Viviam sem tropeços, permutando os mesmos ideais.

Costumavam passear todas as tardes para contemplarem a natureza.

Numa manhã, necessitavam fazer novas compras, para

suprir seu bazar. Não havia ninguém para ficar e assumir o comércio na sua ausência. Decidiu-se então, que ele viajaria."

(Nesta altura dos fatos, o Espírito fez uma pausa e dirigindo-se a ela, disse-lhe:

– Ao entrar num lugar onde houver um tapete persa legítimo, verá que as lágrimas a visitarão, porque a lembrança é muito forte. O tapete é o laço que os uniu, durante essa existência. Permutavam suas impressões na escolha dos tapetes de seu bazar.)

E continuou aquela estranha narrativa que trazia a Isis a sensação de reviver aqueles momentos.

"...Então, ele viajou para um grande centro comercial, onde desapareceu.

Soube-se, por terceiros, que ele havia gastado além do previsto com mulheres e bebidas. Envergonhado de voltar, sem o dinheiro e a mercadoria, preferiu desaparecer sem dar notícias.

Desesperada, a irmã recorreu ao consulado, na esperança de obter informações, mas todas as tentativas foram malogradas.

Abandonada, sua vida perdera totalmente o sentido.

Sem motivos para continuar, vendeu o bazar, ficando apenas com sua mansão.

Isolou-se em seu mundo particular, dentro de casa, perdendo todo o entusiasmo pela vida e a alegria do trabalho.

Angustiada, não conseguiu mais se alimentar e dormir normalmente. Foi definhando rapidamente, até que uma tísica pulmonar a levou ao túmulo.

Havia perdido a razão única de sua vida.

A existência de ambos foi pintada com cores muito fortes.

# *O ENCANTAMENTO* *

Após esse antepenúltimo encontro, os irmãos, depois de duas encarnações intermediárias, se reúnem agora, carregando nos refolhos d'alma, as recordações adormecidas de seu passado.

Este jovem, há pouco tempo, reapareceu na moldura do quadro de sua existência e começou a transbordar, dentro de ambos, alguma coisa misteriosa e indefinível.

Há um respeito mútuo, principalmente por parte dele, a despeito de admirá-la como mulher."

O Espírito concluiu a narrativa.

Isis chorava. Não conseguia falar. Esta revelação despertava lembranças que se encontravam adormecidas nas profundezas de sua alma. Era o passado que vinha à tona com seus fantasmas e suas recordações.

Timidamente, perguntou ao Espírito:

– E agora, o que será de nós?

O Espírito perguntou-lhe se estava preparada para conhecer toda a verdade.

Ela aquiesceu, envolvida com sua fala hipnotizadora:

"– Impulsionada pela lembrança, aflorou o amor que permanecia nos recessos de sua alma e, agora, não sabe como detê-lo. E não terá forças pois é inarredável. A irmã corre perigo. O sentimento que os une é um sol em que procura se aquecer na gélida convivência do lar.

A feição que possuía pelo companheiro foi se esvanecendo depois de determinados acontecimentos e, hoje, encontra-se

(*) "O isolamento do médium é sempre um coisa desagradável para ele, porque não tem nenhum controle para as suas comunicações." – Allan Kardec, *O Livro dos Médiuns*, IDE, 28ª edição, pág. 285.

vinculada a ele, apenas pelo seu senso de responsabilidade e integridade moral.

Consciente de seus desvios de outrora, assumiu esta convivência para resgatar seus erros.

O passado ruge. O coração não vai resistir. Existe o livre-arbítrio e está nas mãos de nossa irmã o curso de seu destino."

– Eu corro perigo? Perguntou Isis, impressionada.

"– Sim, a irmã corre perigo. É inevitável deter o imã de juntar-se ao ferro!"

Depois destas informações, o Espírito silenciou. Fazendo um sinal estranho, cruzou os braços na altura do peito com os punhos fechados, como as múmias atadas nos sarcófagos.

## *UM VATICÍNIO* *

Isis surpreendida com as revelações, precisou de um tempo para se refazer, acalmar sua mente e o seu coração.

Havia muito que ponderar. Ali estava parte de um enigma a ser estudado criteriosamente à luz dos fatos.

O intercâmbio havia terminado. Chamou a amiga.

Amélia estranhou o ocorrido, pois o Espírito já havia se retirado e o médium estava pálido. Despertou Dório daquele torpor e fizeram uma oração.

Isis observou a fisionomia do médium que parecia mesmo não se dar conta de nada. Apressou-se a voltar para casa.

Sentia-se confusa. Necessitava de solidão. A reunião fora muito envolvente.

---

(*) "Em nossa fraqueza e inconsciência, atraímos na maior parte das vezes Espíritos maus, cujas sugestões nos perturbam." – Léon Denis, *No Invisível*, FEB, 11ª edição, pág. 351.

A sós com a amiga, perguntou-lhe, antes dela sair:

– Está satisfeita com a comunicação?

– Estou meio confusa, Amélia.

– Por quê?

– Não sei...

– Cuidado, Isis! Dório é médium sonâmbulo, portanto inconsciente!!! – alertou-a, apreensiva.

– É isto que me leva a crer em suas palavras, preciso refletir sobre o que ouvi.

– Espero que reflita bem, o mundo espiritual atua em nossa vida mais que imaginamos... Portanto, cuidado!

– Por quê? Você acha que Dório não seja um médium confiável?

– É um médium sonâmbulo, Isis... O sonâmbulo é um médium maleável nas mãos de Espíritos mistificadores e aí se encontra o perigo.

– Como?

– Bem, ele pode ceder sua faculdade a um outro Espírito, sem o perceber e se o interlocutor for sugestionável, ele poderá exercer um domínio temporário.

– Fique despreocupada Amélia, saberei me defender.

– Confio na sua perspicácia! Mas, o "falso profeta", que o Evangelho apregoa está justamente atrás daqueles que estão lutando para permanecerem no caminho reto.

– Não se preocupe, vou estudar a página do Evangelho que fala sobre os "Falsos profetas da erraticidade".

– Pois fará muito bem, minha filha!

– Até outro dia!

Vinculada a Kemi por um pretérito distante e aquele Espírito, com suas informações, aumentava sua ânsia, confundindo-a. Mas, comprazia-se em lhe falar, porque era a única criatura que naquele momento a compreendia e alimentava seus devaneios.

Só mesmo o trabalho e a fé em Deus poderiam ajudá-la a não cair numa armadilha.

Ao chegar em casa, procurou se distrair conversando com a empregada.

Inteirou-se dos problemas da jovem doméstica que, com seu humilde trabalho, mantinha sua casa.

Depois foi ler alguns livros espíritas, na esperança de que nas entrelinhas dos valiosos apontamentos, encontrasse o socorro necessário.

As mensagens convidavam-na ao trabalho, à renúncia, à aceitação...

Aqueles tesouros divinos acabaram por tranqüilizá-la.

Meditou na vida passada narrada pelo Espírito...

Cética por natureza, embora se iludindo, Isis costumava passar pelo crivo da razão o que lia e ouvia. Indagava-se:

"Será tudo verdade? Não estarei me prendendo numa teia obsessiva?

Que é este Espírito que parece me induzir a alimentar um sentimento que tento, em vão, expulsar?!!!

"Como ter certeza?"

"Concordo até com a possibilidade do meu pretérito, mas daí a correr perigo? Não. Não está certo!"

"Direi a Kemi!"

"Deus haverá de me proporcionar a oportunidade de esclarecer tudo."

## *O ALMOÇO* *

Kemi também, queria vê-la.

Discou para sua casa.

Isis atendeu:

– Alô!

– Isis?

– Kemi?!

– Como vai, Isis?

– Tudo bem. Que agradável surpresa!

– Estou ligando porque pretendo vê-los no fim da semana e agradecer-lhe, pessoalmente, a visita ao Centro que me fez um grande bem.

– Será um prazer, comunicarei a Enon. Venha almoçar conosco no domingo? Que tal?

– Ótimo. Temos muito que conversar.

Não havia nada de mais. Ele era o amigo de seu marido. Entre eles jamais poderia haver algo, além de uma grande amizade.

Tentou tornar natural a situação.

Mas, seu coração não a iludia, a sua alegria era excessiva e aumentava com a expectativa de revê-lo.

Seria a oportunidade para lhe falar sobre aquela estranha revelação do Espírito.

A sala de jantar estava impecavelmente arrumada.

Isis colocava flores num jarro, ajeitando-as com o último

(*) "Repeli sem condescendência todos esses Espíritos que se apresentam como conselheiros exclusivos, pregando a separação e o insulamento." – Allan Kardec, *O Evangelho Segundo o Espiritismo*, FEB, 107ª edição, pág. 326.

retoque naquele ambiente que falava de sua alegria. Distraída, não viu a ajudante entrar.

– Dona Isis, a lasanha está no forno?

– Ah! Sim Beatriz, já vou.

Enon, alheio à arrumação no interior da casa, estava absorto na leitura do jornal e no barulho do televisor ligado num jogo de futebol, quando a campainha soou.

Kemi entrou.

Recebeu-o efusivamente e falaram sobre assuntos comerciais.

O rapaz, meio constrangido, disfarçava-se, procurando manter-se descontraído. Ele também, havia mudado. Era difícil compreender sua situação e os motivos que o levavam a procurar aquele lar.

Isis vendo o amigo, cumprimentou-o. As faces rosadas e o brilho nos olhos falavam de sua emoção. Para um observador arguto, não passaria desapercebido o elã que os envolvia.

Como pode alguém sentir-se tão eufórico em presença de outro?

Pareciam adolescentes ensaiando namoro.

Mas, com eles o caso era complicado. Não podiam manifestar o entusiasmo cristalino e nem conseguiam disfarçá-lo.

Beatriz quebrou o embaraço:

– D. Isis, o almoço está servido.

Após o almoço, Isis o convidou:

– Vamos ouvir música?

– Vão vocês, quero assistir a TV – disse Enon, interessado no final da partida de futebol.

– Prefiro ouvir música, far-lhe-ei companhia, Isis.

O som de uma orquestra suave formou o clima ideal para conversarem.

– Kemi, fico contente por você ter ido ao Centro. É um refúgio para a alma, neste mundo perturbado em que vivemos.

– Realmente Isis, não deixa de ter validade, mas naquela noite, quando conciliei o sono, depois de voltar ao Centro Espírita, tive um sonho que se transformou em pesadelo...

– Como? – perguntou-lhe Isis, interessada.

– Sonhei que morávamos numa casa muito bonita rodeada de alamedas, jardins e árvores. Era uma época remota. Felizes, passeávamos juntos ao entardecer. No mesmo sonho, vejo-me, anos depois, sozinho e desolado. Senti-me voltar de um pesadelo e acordei. Estranho, não acha?

Antes de responder, ela ligou seu sonho à narrativa do Espírito. Precisava dominar-se. Procurando mostrar-se o mais natural possível, apesar do alvoroço que sentia, esclareceu-o:

– Não Kemi, isto acontece.

– Verdade, mesmo?

– Sim, nossos sonhos são realidades.

– Como assim?

– O Espiritismo nos ensina que, ao dormirmos, nos desprendemos parcialmente. Nossa percepção se dilata e então revemos situações ou pressentimos coisas que, no estado de vigília, normalmente não conseguimos. É natural...

– Interessante, preciso ler alguma coisa sobre isto.

– Você captou meus pensamentos, pois é justamente sobre isto que gostaria de lhe falar. Indicar-lhe-ei alguns livros.

Isis levou-o até a estante e continuou:

– A literatura espírita é rica, ela existe para nos instruir.

– Mas você não vê o sonho como uma exteriorização de nosso próprio psiquismo?

– Naturalmente, Kemi. Poderá ser uma manifestação do seu eu, mas só se exterioriza aquilo que já se encontra dentro de nós mesmos.

– Ah! Agora não a entendo, pode explicar-se melhor, senhora filósofa!

Kemi sorria de seu empolgamento com o assunto. Ela se irradiava toda.

– Eu me explico sim. Será que você neste sonho, não teve uma recordação de uma outra vida sua? Talvez, a visita ao Centro dilatou sua percepção espiritual e facultou-lhe uma regressão ao tempo?...

– Você está dizendo que posso me ter visto, noutra vida?

– Claro, Kemi, porque não?

– É, acho que vou ler alguma coisa sobre o assunto – disse ele com ar zombeteiro.

– Há na estante uma porção de livros, pode escolher dentre eles o que mais lhe interessar.

Como se davam bem. Os anos que os diferenciavam não pareciam existir, compraziam-se em estar juntos.

Enon vendo-os folhear os livros, sentiu-se meio enciumado e os interrompeu em tom alto e brincalhão:

– Ah! Meu caro, você está perdido, trata-se de uma fanática. Cuidado para não ficar igualmente contaminado!

Ele mal suportava o Espiritismo da esposa. Não era conveniente aborrecê-lo.

– Estou só mostrando-lhe um livro, Enon, pois Kemi deseja estudar o Espiritismo.

Para não o aborrecerem, escolheram um livro, rapidamente, e passaram à sala de TV.

Os acontecimentos são assim, vão surgindo, se completando. As pessoas, às vezes, não se dão conta de que são personagens de uma longa história, não percebem que os capítulos se sucedem.

O Espírito tinha razão quanto ao pretérito e se comprazia em vê-los padecerem.

Encarnados novamente, sujeitos à lei de causa e efeito, poderiam retornar ao mundo espiritual, mais evoluídos ou regressarem mais endividados, conforme seu procedimento.

Em suas mãos estavam sua ascensão ou queda.

E, para que tal progresso se efetivasse, seriam submetidos a testes dificílimos e, colocada à prova sua conduta moral.

Por enquanto os sentimentos aflorados ainda permaneciam ocultos.

## *A LEI DE ATRAÇÃO* *

Quando a lei da atração das almas for devidamente estudada com seriedade, provar-se-á que ninguém se livra dela. Lei que desafia a razão e rege o destino dos seres.

Nenhuma criatura, por mais simples que seja, deixará de sonhar com a ventura de amar e ser correspondida. Nem tão pouco deixará de alimentar a esperança de um dia encontrar este alguém. Esta esperança lhe trará forças para viver, vencendo a solidão.

(*) "A sexualidade no casal existe, sobretudo, em função de alimento magnético entre os dois corações que se integram um no outro e daí procede a necessidade de vigilância para que a harmonia não se perca, nesse circuito de forças." – Emmanuel/F.C. Xavier, *Vida e Sexo*, FEB, 10ª edição, pág. 59.

O amor faz desafiar os preconceitos sociais e morais, quebra os grilhões e tudo faz para que as criaturas se unam nem que seja apenas por um momento fugidio.

Muitos se enganam quanto a essa atração quando encarnados. Confundem o amor e se comprometem seriamente no ramerrão da existência...

Mesmo assim prosseguem, buscando seu par.

Não se deve confundir jamais a atração física magnética com a atração fluídica espiritual.

A primeira é grosseira e passageira; a segunda é etérea, permanente.

O vínculo existe, quando os Espíritos se identificam.

Encantada em partilhar com ele das mesmas leituras, seus Espíritos se tornavam mais afins.

Desde que conhecera Kemi, sua vida se transformou, certa de que ele lhe fora, no pretérito, alguém muito caro. A existência lhe pregara uma peça, colocando-o em seu caminho, justo agora que não podia ter para com ele nenhuma atitude carinhosa, correndo o risco de ser mal interpretada.

A Lei achava-se escrita em sua consciência.

Criara um império de deveres e obrigações, exigindo de si mesma um comportamento digno de sua situação.

Era o projeto reencarnatório que havia recebido. Não queria recuar e nem vacilar, mas aquela atração a incomodava.

Temia piorar as coisas se lhe falasse sobre o Espírito e sua comunicação.

O mundo espiritual jungido à terra, repleto de seres imperfeitos e traiçoeiros é um terreno minado para um principiante, como Kemi, aventurar.

## *O CONVITE* *

Duas semanas se passaram, desde aquele almoço. Sentia falta dele, de sua presença, de sua voz, de seus modos distintos...

Mesmo desapontada cedeu ao impulso de vê-lo.

Dissimulou as emoções e, com o coração acelerado,... respirou fundo. Encontrava-se perto do escritório.

Subiu as escadas.

Apresentou-se à secretária. Na voz, um misto de vergonha e insegurança, como se estivesse cometendo um delito.

Rapidamente, a moça a fez entrar.

Estavam frente a frente. Parecia um sonho, mas era real.

Como era bom vê-lo! Nada se comparava a esta ventura. Seus semblantes se iluminaram, o mundo lá fora deixou de existir.

Falavam sem rodeios, de fatos e de si mesmos. Ansiava repartir com ele seus pensamentos.

– Sabe, Kemi, tenho um amigo médium que me falou sobre a minha antepenúltima encarnação!

Interessadíssimo no assunto que agora ele começava a explorar através das leituras espíritas, quis saber o que lhe dissera o Espírito.

– Você está preparado para ouvir?

– Por que não, Isis, trata-se de seu pretérito, não é?

– Nem tanto, diríamos... Nosso pretérito.

– Nosso?! – interrogou-lhe Kemi.

---

(*) "Ninguém se burila de um dia para outro." – Emmanuel/F.C. Xavier, *Vida e Sexo,* FEB, 10ª edição, pág. 107.

– Se tudo o que o Espírito me falou, for verdade, trata-se de nosso pretérito, sim, apesar de minhas dúvidas – disse Isis, fitando-o profundamente . – Precisa-se de muita cautela quanto às informações espirituais, porque elas envolvem o nosso psiquismo e o do médium. É possível haver mistificação ou interferência de Espíritos zombeteiros que gostariam de nos colocar em ridículo... Na verdade, é uma brecha que se abre aos Espíritos inferiores...

– Explique-se melhor.

Encheu-se de coragem e, ligeiramente, narrou a antepenúltima encarnação, referindo-se ao personagem que agora o encarnava. Falou sobre o trabalho que faziam em conjunto, um comércio de essências, seda chinesa e outras especiarias do Oriente.

Kemi ouvia-a, atento.

Intuitivamente, Isis omitiu sobre os tapetes persas, pois o Espírito lhe dissera que este era o laço que os unira naquela vida pretérita. Ao terminar o relato, era visível a comoção do rapaz. Apesar da seriedade dos fatos, nada se poderia afirmar.

Ficaram em silêncio.

– Lembrou-me meu sonho... A nossa mansão... Será possível?!!!

– É também, por isso que resolvi lhe contar.

– É muita coincidência! Não acha?

Aquelas informações aguçaram suas memórias, reavivando o interesse mútuo.

Sentiam-se presos naquela maquiavélica trama do destino.

Isis fez menção de se retirar.

Kemi reteve-a, sorridente e amargurado:

– Espere... Bem, não é todo o dia que se encontra uma esposa de outra vida!

A vontade de vencerem as barreiras, num amplexo, os emudecia.

Continham-se, perturbados e emocionados.

Quase chorando, ela disse:

– Eu tenho medo de errar novamente, Kemi.

– Eu não a deixarei errar.

– Como pode afirmar?

– Temos que nos conformar com a verdade – disse Kemi curioso com a possibilidade de já terem sido marido e mulher, noutra existência.

– Como saber se é verdade?

– Isis, lembra-se do nosso primeiro encontro?

– Claro, que me lembro e como!...

– Não lhe contei toda a verdade de meu sonho.

– Ah! Não! E por que não?

– Porque lhe omiti sobre o duelo.

– Que duelo, Kemi?

– Acho que estamos encontrando o fio da meada... No meu sonho, antes de conhecê-la, houve um duelo entre eu e Enon, você era o motivo de nossa disputa!...

– Está me parecendo um triângulo amoroso – refletiu Isis.

– Quero conhecer este médium e saber como ele tem acesso às nossas vidas pretéritas – pediu-lhe Kemi.

Combinaram então uma possível entrevista com Dório em que ambos estariam presentes.

Isis retornou à casa mais perturbada do que nunca.

As horas voaram.

Era preciso prudência, em se tratando de forças invisíveis.

Poderiam cair numa armadilha perigosa.

O tempo haveria de esclarecê-los. Nada a furtaria de suas obrigações e deveres.

Deveria existir um fim útil. Não seria em vão aqueles acontecimentos.

Em contra partida, sua vida ganhava nova dimensão.

Duas forças imperiosas viviam dentro dela, sua vontade livre para decidir, querer ou não querer.

"Existiria o determinismo?"

"Seu livre-arbítrio atuaria naquele caso?"

Era um véu que caía.

Saber, enfim!

"Foi bom ter-lhe falado, é muito pesado suportar esta situação sozinha... Kemi é inteligente, confio nele."

## *O VÍNCULO DO PRETÉRITO* *

Como o imã atrai o ferro, eles ansiavam se unirem. Bastou um olhar para que seus Espíritos se identificassem.

Envolvidos na mesma atração, sentiam-se mais entusiasmados para o trabalho.

Isis encontrara o grande amor de sua vida.

Fora-lhe fácil aconselhar casais amigos em situações semelhantes à sua, agora era sua vez de buscar auxílio.

---

(*) (O determinismo) – O Instinto Sexual

"– A mente elabora as criações que lhe fluem da vontade, apropriando-se dos elementos que a circundam, e o centro coronário incumbe-se automaticamente de fixar a natureza da responsabilidade que lhe diz respeito, marcando no próprio ser as conseqüências felizes ou infelizes de sua movimentação consciencial no campo do destino." – André Luiz/F.C. Xavier/W. Vieira, *Evolução em Dois Mundos*, FEB, pág. 28.

Sua consciência a advertia:

"Estarão os Espíritos vingativos exigindo-me prerrogativas de tudo quanto preguei?"

Os dois amigos pouco se viam.

Mantinham-se reservados, parecia terem traçado uma linha demarcatória e feito um pacto silencioso, em que nenhum deveria avançar o sinal.

O duelo se travava, cruelmente, entre a razão e o coração, solapando suas almas.

Marcou-se a esperada sessão com o médium.

Kemi estava curioso, era seu primeiro contato com um Espírito.

Na saleta, aguardavam Dório que se preparava para a possível intervenção espiritual.

Em cima da mesa, a garrafa de água fluida, alguns copos e o *Evangelho* para as leituras.

Amélia abriu a sessão com uma prece.

A respiração do médium tornou-se mais intensa... Um suspiro assinalou a chegada de um Espírito que os saudou:

– Que a paz de Jesus seja com todos!

Era o protetor espiritual de Dório, dirigindo-se a Amélia:

" – Minha irmã, o médium necessita de descanso, as comunicações deverão ser breves."

– Atenderemos o seu pedido. Nossos irmãos desejam falar em particular, se for possível.

O guia silenciou e, depois de alguns segundos, disse:

"– Estamos deixando o aparelho mediúnico, porque alguém deseja se comunicar."

## *O AVISO* *

Amélia aguardou a chegada do outro Espírito.

– Ele falará com vocês, alguns minutos. Sejam breves.

Amélia examinou a natureza daquele Espírito que ali se comunicava e os deixou, a sós.

O Espírito lentamente cruzou os braços na altura do peito e disse:

"– O sentimento inexplicável que os une vincula-os pela lembrança de um passado comum."

Atentos, ouviam-no e, juntos, colocariam à prova a idoneidade do Espírito.

Precisavam ser prudentes. Tratava-se de algo metafísico.

O Espírito continuou, alertando-os:

"– Ambos correm perigo. O estado d'alma e a vontade persistem. Os argumentos íntimos são apenas paliativos e tentarão não avançarem o sinal perigoso de futuras provações. O irmão tem um mundo para construir e a irmã tem um império construído com o sacrifício e a renúncia. Ponderem um pouco mais."

Ouviam surpresos, sua fala empolada:

"– A estrada é longa e apresenta um vértice e uma "curva perigosa" que os irmãos ignoram. Para transporem essa curva deverão ter coragem e firmeza. Muito se esforçaram para se juntarem novamente.

---

(*) "Recebe com carinho e discernimento os visitantes da Espiritualidade, mas vive cooperando com os teus contemporâneos de aprendizado humano para alcançares a meta essencial: a suavização do projeto reencarnatório de tua próxima vida terrestre e, conseqüentemente, a ajuda efetiva na melhoria e no esclarecimento dos desencarnados que te observam ou te acompanham." – Alfredo Júlio Fernandes, *Seareiros de Volta*, Waldo Vieira, FEB, 3ª edição, pág. 40.

"Os falsos profetas não se encontram unicamente entre os encarnados." – Allan Kardec, *O Evangelho Segundo o Espiritismo*, FEB, 107ª edição, pág. 325.

Quando a irmã fazia a leitura do Evangelho, seguíamos a trajetória de seu destino. Não fora seus princípios morais e a sociedade agindo como uma eterna fiscalizadora, ambos não vacilariam um só instante em se unirem.

A irmã possui forte intuição do pretérito.

Não sofram por um sentimento que brotou e deixem que a água do destino siga o seu curso normal. Jamais estarão desamparados!"

O Espírito calou-se.

– Deve haver uma razão mais forte para que o irmão venha nos dizer do nosso passado e o porquê de nos reencontrarmos, em circunstâncias tão adversas? – arriscou Kemi.

"– Muito bem, são anotações que colhemos dos arquivos espirituais a que temos acesso, para conduzir os irmãos a compreenderem o sentimento que os invade. Com todo respeito, é o passado que ruge dentro de ambos, a lembrança..."

– Qual é o objetivo deste reencontro, numa situação em que nada se casa?

"– São almas em penitência. Corações que choram. Encontros que são verdadeiros martírios. Algo que a própria razão coloca para a sua evolução futura. Encontram-se em expiação e portanto, não lhes será fácil a escalada dessa montanha, para encontrarem no topo, a felicidade que seus Espíritos tanto almejam."

– Qual é a orientação que o irmão nos daria para sairmos bem sucedidos? – perguntou Isis.

## *VICTORIEN* *

Victorien, um amigo espiritual de Isis, acompanhava o

(*) "No corpo do médium, momentaneamente abandonado, pode dar-se uma substituição de Espírito. É o fenômeno das incorporações." – Léon Denis, *No Invisível*, FEB, pág. 249.

diálogo e preocupado com a seqüência perigosa daquelas informações, naquele momento interrompeu a comunicação e respondeu aos enamorados, deixando-os acreditarem ser o outro Espírito.

E, assim eles ouviram a seguinte resposta:

"– O amor é a força da vida. No amor reside a atração das almas para um fim nobre e útil. Coloquem este sentimento que os impulsiona a serviço do semelhante e encontrarão no ideal superior a resposta à sua felicidade."

Depois da resposta esclarecedora, Victorien afastou-se.

## *O INIMIGO DESENCARNADO* *

Kemi interessado no desfecho, perguntou:

– Como é o seu nome?

O Espírito sorriu enigmático, mas explicou-lhes:

"– Me reconhecerão pelo sinal que faço e um dia saberão o meu nome."

A entidade calou-se, sem mais chances de outras perguntas. O médium retornou ao estado natural, mas muito pálido.

A sessão encerrou-se.

Os amigos conversaram alguns instantes. Dório estava exausto e deveria viajar, no dia seguinte.

De volta para casa, os dois comentavam:

– Há alguma coisa de estranho com este Espírito.

---

(*) "Os inimigos do mundo invisível manifestam sua malevolência pelas obsessões e subjugações com que tanta gente se vê a braços e que representam um gênero de provações, as quais, como as outras correm para o adiantamento do ser, que, por isso, as deve receber com resignação e como conseqüência da natureza inferior do globo terrestre." – Allan Kardec, *O Evangelho Segundo o Espiritismo*, FEB, 107ª edição, pág. 201.

– Também acho, Kemi, foi por isso que lhe pedi para vir.

– Você observou o sinal que ele fez?

– Claro! Será um falso profeta?

– Mas, o meu sonho foi verdadeiro – disse Kemi sem compreender.

– É isto que me confunde... – analisou Isis pensativa. – Talvez ele tenha convivido conosco, naquela existência?!!!

– ... Ou alguém está brincando com nossos sentimentos! – arrematou Kemi, cético.

Sem chegarem à conclusão alguma... Para eles, o importante, no momento era a felicidade de estarem juntos. Isto bastava!

## *A CONVIVÊNCIA* *

Um ano sucedeu-se àquela estranha conversa. Testes difíceis apertavam o cerco. A trama do destino vinha urdindo sua teia invisível.

Isis e Kemi pensavam que a permuta de amizade seria suficiente para sufocarem aquele amor.

Com o tempo, ela tornou-se amiga de sua família. Os colóquios fugidios estreitavam-se. Sentia-se muito à vontade em sua casa e procurava ser útil, auxiliando à mãe enferma e à irmã, às vésperas do consórcio.

Algumas vezes ia acompanhada de Amélia, cuja mediunidade curadora aliviava as dores da pobre mulher, vítima de um tumor. Os passes e a água fluida tornavam-se um bálsamo anestesiando as células cancerosas de dona Ana.

---

(*) "O amor é uma força inexaurível, renova-se sem cessar e enriquece ao mesmo tempo aquele que dá e aquele que recebe." – Léon Denis, *O Problema do Ser, do Destino e da Dor,* FEB, 17ª edição, pág. 364.

Era o seu modo de auxiliar Kemi, pois sabia o quanto ele amava sua genitora e sofria vendo-a próxima do desenlace.

Ana era uma verdadeira heroína, não reclamava de sua dor, disfarçava seu sofrimento sempre com um sorriso amável. A doença minava sua vida lentamente.

O companheiro e o filho, conformados com seu desvelo, deixavam-na livre para ir e vir quanto quisesse à casa dos amigos.

A triste situação prolongou-se por alguns meses e, um dia, aconteceu o inevitável.

Passado o funeral, os dois irmãos, unidos na mesma provação, encontraram na carinhosa atenção de Isis, forças para superarem aqueles momentos difíceis.

Ela confundia-se com eles, como alguém da família, inteirava-se de seus problemas, os mais corriqueiros. Sua amizade encobria o verdadeiro elo que os unia e ninguém suspeitava de seus sentimentos.

## *ALGUMAS LIÇÕES* *

Lúcia, preocupada com a situação do irmão após seu casamento, aventurou um diálogo:

– Kemi, há alguns dias, desejo lhe falar, meu irmão...

– O que se passa, Lúcia?

– Tenho pensado em nossa sorte, depois que a mãezinha partiu. Carlos e eu estamos às vésperas de nosso casamento e me preocupo com você sozinho em nossa casa com tantas recorda-

(*) "Um dia, quando a verdadeira noção do ser se desembaraçar das dúvidas e incertezas que obsidiam o pensamento humano, compreender-se-á a grande fraternidade que liga as almas." – Léon Denis, *O Problema do Ser do Destino e da Dor*, FEB, 17ª edição, pág. 366.

ções. Gostaríamos de tê-lo morando conosco. Carlos está de pleno acordo. Que acha?

A carinhosa manifestação alegrou-o. Gratificado respondeu-lhe:

– Não se preocupe, Lúcia. Não há motivo para mudar-me. Agradeço-lhes o interesse.

– Como não, Kemi? Pretende viver sozinho?

– Tenho alguns planos para o futuro e, a seu tempo, eles irão substituindo a falta de nossa mãe.

O olhar da irmã brilhou e, feliz, o interrogou:

– Pretende também se casar?

Kemi balançou a cabeça negativamente:

– Nada disto. Refiro-me ao meu trabalho profissional e também espiritual.

Desapontada com a resposta do irmão, insistiu:

– Não o compreendo Kemi!

– Como assim?

– Você, às vezes é estranho. Terá alguém especial?

O moço suspirou fundo e rodou os pés, alongando o olhar pela vidraça.

– Lúcia...

– Fale, Kemi, será que não confia em mim?

– Não é bem isto, é um assunto muito complicado.

– Complicado porque você quer.

– Nem sempre o que queremos é o que nos convém. Talvez o destino me reserve outras opções.

– Quais?

– Por exemplo, pretendo me aperfeiçoar em Direito Criminalista e defender uma tese. Tenho também outro tipo de ideal...

– Estou gostando Kemi, continue – falou incentivando-o.

– É um trabalho com os meninos de rua, um sonho que acalento há anos... Preciso rever estas idéias e colocá-las em prática.

– Mas, não pensa em unir-se a alguém?

– Acho cedo, para pensar nisto – disse-lhe, melancólico.

– É uma pena, pois o desejo de nossa mãe, seria vê-lo casado...

Neste instante, a campainha toca. Lúcia vai atender e entram Isis e o filho.

Abraçam-se carinhosamente. Kemi os cumprimenta, mantendo reserva.

– Isis, chegou em boa hora, pois conversávamos sobre nossa vida, após o meu casamento... – reforçou o assunto, sabendo da ascensão de Isis sobre o irmão.

Kemi, desconcertado, intervém apressado:

– São preocupações de Lúcia e Carlos, questões que nem deveriam ser levantadas – virando-se para a irmã, procurou mudar o rumo da conversa: – É melhor tratarmos dos preparativos de seu casamento, dois meses passam rápido!

Lúcia ainda não se deu por vencida:

– Não, não mude de assunto, deixe-me falar com Isis.

– Mas, afinal o que está acontecendo? – perguntou-lhes.

– Isis, não é estranho que um rapaz como ele, não tenha tido até hoje sequer uma namorada?!

Kemi desejoso de encerrar a conversa de uma vez, arrematou:

– É cedo para compromissos!

– Não acho que seja cedo. Ao homem não convém estar sozinho, li isto numa obra de Léon Denis! – interveio Isis, interessada.

– Segundo sua biografia, ele não se ligou afetivamente a ninguém. Fato que não o impediu de ser um homem feliz e haver legado ao mundo seus apontamentos filosóficos. Léon Denis foi um ermitão – defendeu-se Kemi.

– Tem razão, mas é uma raridade, além do mais ele foi um missionário.

Explicou Isis, mostrando a diferença.

– Missionário ou não, serei uma exceção!

– Assim você está sendo radical, Kemi! – retrucou Lúcia. – Não concordo, que seja um celibatário!

– É compreensível sua preocupação mas, no futuro, talvez eu mude de idéia.

Kemi virou-se para Isis, provocando-a:

– Você mesma, casada e com experiência de alguns anos, sabe perfeitamente que o casamento não é o passo mais importante na vida de uma pessoa.

– Eu sei disso – concordou, desejando saber aonde ele queria chegar.

Então Kemi concluiu seu raciocínio:

– Se fosse algo tão maravilhoso, não haveria o incrível número de pessoas que me buscam, no escritório, para se divorciarem.

– E quais são os seus maiores motivos? – perguntou Lúcia.

– A maioria alega não suportar mais a vida conjugal.

– Você tem razão, muitos casais se unem sem estrutura alguma – esclareceu-os Isis.

– Como assim? – perguntou, agora Kemi, querendo saber o motivo.

– O lar deve estar fundamentado no amor e respeito mútuo, para lograr êxito. Fora isto, como todo relacionamento, ele é uma instituição falida.

– Então por que as pessoas se casam entusiasmadas e depois se desiludem, Isis? – indagou a noiva, preocupada.

– São casamentos provacionais.

– Explique-se melhor – pediu-lhe, interessada.

– Casamentos de provas são muito freqüentes. Os cônjuges se unem, sem a afinidade espiritual e se desiludem, porque não possuem maturidade suficiente para levar avante a união e buscam a separação como lenitivo.

– E quando não se separam?

– Sua vida comum é um verdadeiro martírio, sem o devido conhecimento da lei de causa e efeito. Lei que tudo explica e, em certos casos, auxiliariam-nos a suportar o casamento como um bem divino e providencial.

## *SOBRE O CASAMENTO* *

Lúcia conhecia algo do Espiritismo, mas não se detivera, ainda, para raciocinar sobre a lei cármica.

Era uma oportunidade para instruir a jovem noiva.

---

(*) "Quando as obrigações mútuas não são respeitadas no ajuste, a comunhão sexual injuriada ou perfidamente interrompida costuma gerar dolorosas repercussões na consciência, estabelecendo problemas cármicos de solução, por vezes, muito difícil, porquanto ninguém fere alguém sem ferir a si mesmo." – Emmanuel/Chico Xavier, *Vida e Sexo*, FEB, 10ª edição, pág. 34.

– Deixe-me explicar como funciona o casamento no planeta Terra, segundo conhecimentos espirituais...

Kemi prestava atenção, admirando-se da lógica de seus argumentos.

– Lúcia, um respeitável autor espírita(1), classificou os casamentos de **acidentais,** como o próprio nome indica, onde os cônjuges se unem e se separam irresponsavelmente, levados apenas pela atração física. Em seguida, aparecem os casamentos **provacionais,** que aliás são a maioria, onde os cônjuges se reencontram para resgatarem dívidas contraídas em vidas pretéritas. Por isso, essa imensa quantidade de uniões infelizes e traumáticas.

Incentivada pelo silêncio, ela continuou:

– Depois vêm os casamentos **expiatórios** que pouca diferença têm dos **provacionais:** as pessoas se unem com o objetivo de expiarem uma falta cometida para com o outro. Mesmo desconhecendo as causas do liame, os cônjuges teimam em viver juntos, como se fossem obrigados.

Observando que ouviam atentos, continuou:

– Martins Peralva analisa ainda os casamentos **sacrificiais,** quando um dos cônjuges se sacrifica pela felicidade do outro. O Espírito mais evoluído ampara o menos evoluído.

– Existe felicidade, neste tipo de casamento? – perguntou-lhe, agora Kemi, apoiando-se na janela.

– Sim, as almas mais esclarecidas estão sempre felizes em auxiliarem a outra que ficou para trás. Neste matrimônio o que predomina são as diferenças de aptidões entre os esposos: a virtude e o vício se deparam como fator preponderante.

– Compreendo-a – disse Kemi, olhando-a com ternura.

– Estes conceitos não são meus, estou apenas lhes passando o que aprendi. – esclareceu. – Mas, vamos ao final. Para amenizar a triste situação do casamento, aqui na terra, em escala menor,

---

(1) Martins Peralva, *Estudando a Mediunidade,* FEB, cap. 18.

existem os consórcios de almas **afins,** em que o amor e a compreensão predominam. Os cônjuges desfrutam de relativa felicidade, embora não estejam isentos de sofrimentos. E, por último, os casamentos **transcendentais,** os das almas gêmeas, que são raridade absoluta. Segundo o médium Chico Xavier, o grande líder espírita, que reside em Uberaba: matrimônios de almas gêmeas existem apenas uns quinhentos, em nosso orbe terráqueo.

## *ALMAS GÊMEAS* *

A explicação terminou.

Lúcia muito admirada, porque nunca ouvira nada igual, perguntou:

– Nossa! Será que estarei enquadrada neste último?

Isis sorriu.

– Quem sabe Lúcia? Você fará parte dos quinhentos. E por que não?

– É muita pretensão! – disse Kemi, compreendendo a lição de vida, que ela lhes passara, talvez de sua própria expiação.

Lúcia, sem se dar por satisfeita, indagou, ainda:

– E o seu casamento Isis, como você o classifica?

– Acredito que o meu casamento esteja na faixa expiatória, mesmo!...

– Quer dizer que você não está casada com a alma gêmea e nem se inclui entre os quinhentos?

– Seria muito merecimento, você não acha Lúcia? Chico Xavier disse, certa vez, que as almas acasaladas estão mais para almas algemadas e gementes que gêmeas!

---

(*) "A verdadeira família é a do Espaço; a da Terra não é mais do que uma imagem daquela, redução enfraquecida, como o são as coisas deste mundo comparados com as do Céu. A verdadeira família compõe-se dos Espíritos que subiram juntos as ásperas sendas do destino e são feitas para se compreenderem e amarem. – Léon Denis, *O Problema do Ser, dos Destino e da Dor*, FEB, 17ª edição, pág. 366.

Todos riram do jogo de palavras que, apesar de engraçado, encerrava uma profunda verdade para os que se julgam almas gêmeas.

– Mas... e as almas gêmeas, onde ficam nesta história?

– Lúcia, almas gêmeas são uma teoria, para não dizer quase uma utopia. Sentimos necessidade de amar e sermos correspondidos. O maior prazer que alguém experimenta é reencontrar um afeto querido, perdido nas brumas do tempo... E deverá ser a maior felicidade uma união com este ser... Penso...

Trazia uma certa amargura na voz, mas não teve coragem de levantar os olhos, porque sabia que Kemi a olhava.

Jesiel entra na sala, interrompendo-os.

– Mamãe, já são cinco horas!

– Como as horas voaram, meu Deus! Temos que ir...

– Vou levá-los – prontificou-se o amigo.

– Não é necessário, ainda temos tempo para chegar em casa.

Kemi insistiu e eles aceitaram a carona.

Sentiam-se mais próximos agora, após o desenlace de sua mãe.

Sua presença a confortava para enfrentar a dura realidade de seu lar.

Kemi tentou se aproximar de Enon, como antigamente, mas uma barreira invisível, agora, os distanciava.

Viam-se raramente.

Este era o quadro atual daquelas criaturas irmanadas por um pretérito, não tão longínquo, mas gravado em suas consciências perispirituais.

Decorridos alguns meses, o dique retesado de suas emoções ameaçava eclodir. Seus Espíritos almejavam uma união mais profunda.

Ela sofria sabendo o quanto ele vivia só. Gostaria de alentá-lo com seu amor. Presa à sua condição de mãe e esposa, sua alma apaixonada porém, não conhecia barreira. Viajava em sonhos com ele mas faltavam-lhe forças para sublimar tal sentimento.

O debate íntimo a desgastava.

A criatura constrói seu destino, conforme o seu adiantamento espiritual.

Seu sonho era entregar-se de corpo e alma ao homem amado.

Não era apenas sua consciência que lhe ditava normas, os preconceitos da mulher, também, falavam alto.

## *OS TAPETES* *

Extravasava seu romantismo, bordando tapetes, nas horas vagas: única distração que a acalmava. Criava formas geométricas originais e desenhava flores delicadas. Poucas pessoas tinham acesso ao seu trabalho que geralmente fazia à noite.

Isis criava num papel, em separado, os motivos, depois ia vagarosamente, passando-os para a talagarça.

Cerca de oito anos atrás, aprendera a arte com uma amiga de infância e ficou emocionadíssima ao ver sua exposição.

Sabia que Dório e Amélia desconheciam a história dos tapetes. Este fato confirmava a veracidade daquela comunicação.

Isis procurava justificativas para seu sentimento, porque o condenava.

Recordou-se das palavras do Espírito, referindo-se à sua antepenúltima encarnação e a seu bazar de tapetes persas.

---

(*) "As reminiscências, as intuições e as aptidões determinam a sensação de haver vivido." – Léon Denis, *O Problema do Ser, do Destino e da Dor*, FEB, 17ª edição, pág. 184.

Se tudo aquilo fosse real, a lei voltara para condená-la ou absolvê-la daquele passado e de suas fraquezas.

Pobres almas!

"Por que omiti a Kemi a verdadeira natureza do nosso comércio em Marrocos?"

"É impossível deixar de querê-lo!"

"Não renunciarei à sua presença!"

O lar já lhe trouxera muitas lágrimas e decepções. Seu relacionamento conjugal se esfriava dia-a-dia. Seu filho era o principal motivo de continuarem juntos.

O marido não lhe dispensava o carinho e a atenção necessários.

Homem inescrupuloso, fino no trato social, segundo seus interesses, não conseguia compreender a alma sensível que mantinha em seu cativeiro. Vaidoso e fútil, era completamente bronco quanto aos valores espirituais e aos verdadeiros objetivos da vida.

A esposa tentava, em vão, conduzi-lo para Deus, esbarrando-se sempre na mesma tecla: egoísmo. Desprezava seus sentimentos religiosos e os criticava, magoando-a.

Cercado de carinho e atenção, desleixava da vida conjugal, mas as marcas fincaram indeléveis no coração dela.

Traía-a com outras mulheres. Certa vez, quase se separaram de fato, quando ela descobriu mas ele, ardilosamente, se desculpou e conquistou sua confiança. Ela ficou esperançosa de vê-lo mudar.

Atualmente, o cansaço a dominava. Não o via como companheiro, mas um cobrador oficial de seu carinho e atenção. Doava tudo de si e, em retorno, recebia o vazio de uma vida comum sem perspectivas de melhora.

# *ÓRION* *

Após o casamento da irmã, Kemi viu-se só, livre para seguir seu destino. A casa lhe parecia imensa... Sem a presença da mãe e da irmã, podia arquitetar planos para o futuro. Preso ao fascínio de Isis, quedava-se, conjeturando uma ventura a dois.

Tudo, porém, parecia contrariar seus anseios, até mesmo seus princípios, que o impediam de agir.

Indagava-se:

"O que está se passando comigo?

Até quando suportarei?

Não quero ficar sem ela, sabendo que não posso viver com ela.

A responsabilidade e o dever me chamam.

Se buscá-la estarei infringindo a Lei."

A realidade crua de sua vida dissolvia seus sonhos como a fumaça que se esvai no ar.

Suspirou fundo, as lágrimas orvalhavam seus longos cílios. Jovem e cheio de energia, via-se adentrando num destino solitário, mas povoado de sonhos a dois.

Gostaria de lhe falar, nem que fosse uma única vez, repartir seus anseios, mesmo correndo o risco de receber um "não".

Seu vulto gracioso ao lado do esposo, por ocasião das núpcias da irmã, desfilava em sua mente.

Desde então, não a vira mais. O ciúme corroía-lhe a alma pensando na vida do casal. Não lhe era difícil adivinhar a aridez daquele relacionamento. E se perguntava até quando perduraria aquela convivência, baseada apenas ao senso do dever?

---

(*) "Todos temos, ligado a nós, desde o nosso nascimento, um Espírito bom, que nos tomou sob a sua proteção." – Allan Kardec, *O Evangelho Segundo o Espiritismo*, FEB, 107ª edição, pág. 398.

## *UMA REVELAÇÃO* *

Kemi, em sua última encarnação, passara sérias privações e sacrifícios, abandonado desde a mais tenra idade. Com esta posição, seu Espírito obteve créditos valiosos quitando antigos débitos.

Órion, seu protetor espiritual, permitiu-lhe desenvolver a faculdade de, através dos sonhos, desvendar alguns mistérios de sua vida para auxiliá-lo.

Estirado no sofá, entrou por uma madorna. Seu Espírito começou a receber vibrações amorosas de Órion que vinha orientá-lo a respeito de seu destino.

Obteve valiosas informações que ficaram gravadas em seu subconsciente, como respostas às suas indagações.

"Antes da pré-encarnação, decidiram que ela desceria primeiro, ingressando no cativeiro da matéria densa.

Preocupado com sua caminhada, desejou rever o Espírito adorado. A saudade dominou-o. Ela era mais importante que tudo.

Mediante tal necessidade, implorou à Misericórdia Divina que lhe facultasse a oportunidade de estar junto dela.

Após muitos rogos conseguiu, finalmente, seguir ao encalço da alma querida.

Anos mais tarde, renasceu na mesma cidade e se reencontraram, em idade adulta.

O encontro foi fatal.

---

(*) "410 – Dá-se também que, durante o sono, ou quando nos achamos apenas ligeiramente adormecidos, acodem-nos idéias que nos parecem excelentes e que se nos apagam da memória, apesar dos esforços que façamos para retê-las. Donde vêm essas idéias?"

"Provêm da liberdade do Espírito que se emancipa e que, emancipado, goza de suas faculdades com maior amplitude. Também são, freqüentemente, conselhos que outros Espíritos dão." – Allan Kardec, *O Livro dos Espíritos,* FEB, 74ª edição.

Agora suas almas comprometidas percorrem a mesma vereda, em busca da felicidade.

Conscientes das leis inamovíveis do mundo, do respeito e da moral, afrontam-se e recuam diante de um sentimento que a sociedade não compreende e condena, tornando impossível sua relação.

Entre seus anseios de felicidade, estão os obstáculos criados pela conduta do passado.

As obrigações falam mais alto pois assumiram juntos deveres que envolvem o companheiro e o filho."

Mentalmente, Kemi interrogou:

– Se nos unirmos, estaremos infringindo a lei do dever?

"– Sim. Comprometeu-se com ela a ajudar o marido e o filho. Se desertar estará agravando o seu débito. Ela depende de sua ajuda e se apóia em sua dignidade para sair-se vitoriosa.

Bastaria apenas um convite seu e ela não hesitaria um instante sequer em abandonar tudo e segui-lo.

Ela tem suportado heroicamente sua situação. Não fora o amparo do grupo espírita que a assiste e as virtudes que emolduram o seu caráter, já teria desistido de viver.

É preciso estender-lhe a mão. Este foi o seu pacto!

Não se detenha que estaremos a postos, auxiliando-o no desenrolar de suas vidas."

## *A RESPONSABILIDADE* *

Tais apontamentos caíam em sua alma como um refrigério.

Ela dependia dele.

---

(*) "É esta a razão porque, no transe, a alma vibrando as recordações do passado, afirma as suas existências anteriores e reata a cadeia misteriosa das suas transmigrações." – Léon Denis, *O Problema do Ser, do Destino e da Dor*, FEB, 17ª edição, pág. 114.

Sua vontade era ir a seu encalço, estreitá-la nos braços. Sua consciência, no entanto o advertia, além deles, estavam, Enon e Jesiel...

O ser humano, ao adormecer, encontra criaturas materializadas ou espirituais e neste estado, pode mergulhar no passado e às vezes vislumbrar o futuro.

O Espírito haure das entidades iluminadas, conselhos e orientações para se guiar na vida terrena.

Quando despertam, nem se recordam do que se passou durante o desprendimento, mas conservam a sensação de alegria ou tristeza, de ânimo ou desânimo, conforme as situações vivenciadas durante o sono.

Kemi acordou disposto, trazia a sensação de haver ido longe, muito longe mesmo, às paragens longínquas e felizes. Buscou analisar a natureza de seus pensamentos.

Aquela revelação, decidira seu futuro.

Consciente de sua importância na vida de Isis, não duvidava mais daquele vínculo que o tornava um Espírito demasiado velho e amadurecido para tão pouca idade física.

Gostaria de lhe falar, abertamente, sobre seus sentimentos, mas quedava-se medroso. O melhor seria esquecê-la.

## *O AUXÍLIO* *

Mas, o destino já se encarregara daquele desfecho.

O clima emocional chegava ao ápice.

Kemi, ao caminhar pelas ruas, detinha-se examinando suas roupas e se perguntava:

---

(*) "Não basta uma pessoa estar enamorada de outra, que lhe agrada e em quem supõe belas qualidades, vivendo realmente com ela é que poderá apreciá-la." Allan Kardec, *O Livro dos Espíritos*, FEB, 74ª edição, pág. 436.

– Serei eu mesmo?

Os traços de sua vida passada, a convivência íntima com aquela mulher, estavam fortemente impregnados nele. Sentia-se personagem de uma trama diabólica tecida pelo destino.

O discreto cortejo de Isis persistia. Ele deixava-se levar ao sabor de suas vontades, invigilante.

Sua psicologia masculina agia, sabendo que a deixando viver a ele, ele a teria mais perto de si. Ficaria mais à vontade para amá-la, sem correr o risco de magoá-la. Comprazia-se, alimentando com pequenos gestos os seus sonhos. As doces palavras que ela lhe endereçava, mesmo sem revelar seus verdadeiros sentimentos, o encantavam.

A difícil situação exigia dele um posicionamento frio em relação a ela. Estava em suas mãos decidir pelos dois.

Agia discretamente, contrariando seus impulsos.

Isis procurava-o. No olhar, a cobrança.

– Às vezes, penso que você foge de mim – lamentava-se ela.

– É impressão sua...

– Sinto que me trata com tanta frieza!

– Já lhe disse, Isis, não é verdade.

– Por que permanece tão distante de mim, se sabe o quanto lhe quero bem? – insistia, fazendo-o falar.

– Um de nós dois precisa ter juízo – aventurava ele com evasivas. O diálogo tornava-se enfadonho.

Isis afastava-se, humilhada com sua atitude, mas depois não resistia e retornava a procurá-lo.

Kemi gostaria de atender ao apelo mudo da mulher amada, mas senhor da situação, cabia-lhe mostrar equilíbrio.

Verdadeiro duelo travava consigo mesmo, não era fácil resistir.

Parecia segurar a rédea de dois cavalos atrelados, mantendo-os na mesma toada, mesmo quando um deles estugasse o passo para avançar.

A vitória não seria louro dc um, mas de ambos.

O dever e o medo falavam mais alto.

Estava reservado para ele, uma surpresa providencial.

À tarde, ao receber sua correspondência, encontrou uma carta, com o convite para representar judicialmente uma companhia, no exterior, por um ano.

A carta taxativa determinava-lhe uma semana para a resposta.

Kemi inscrevera-se, meses atrás, como advogado desta empresa, concorrendo com vários outros profissionais, e só agora recebia o comunicado de sua aprovação. Havia se esmerado estudando inglês e alemão.

A expectativa de se ausentar de seu país, conhecer outro continente, renovou suas energias.

O pensamento de dirigiu a Isis, como uma flecha.

A possibilidade daquela viagem o fascinava e poderia modificar sua vida, ao menos temporariamente.

Seria um ano de ausência.

O destino agia.

Aquela viagem providencial vinha a calhar.

No fundo, Kemi duvidava daquela mulher e de suas intenções, se fosse um amor fraternal ou maternal ele temia entregar-se a um sonho e depois acordar na solidão.

Uma espécie de insegurança quanto ao futuro, o fazia agir cautelosamente.

Sua grande chance para analisar a verdadeira afeição, seria justamente esse período de ausência.

Examinou a carta, decidido a aceitar a proposta.

Pensou na irmã e se tranqüilizou. Lúcia e o esposo viviam a plenitude de sua lua-de-mel e se bastavam. Ele não faria falta.

Na manhã seguinte, procurou Isis e deixou recado, para procurá-lo. Era urgente.

Fazia tempo que não se viam.

Ao saber do recado, correu a seu encontro, animada.

Sorriu para sua imagem refletida no espelho.

O amor embeleza e ilumina!

Contente, saiu apressada à procura daquele amor que a transtornava, fazendo-a esquecer-se de suas obrigações.

Não adiantava mais brigar consigo mesma.

Acreditava-se perdida, totalmente dominada pelas razões de seu coração.

Vencida, suas armas depostas ao chão, tudo o que queria era estar com ele, nem que fosse apenas por um instante.

Nunca experimentara algo tão forte. A ele nada saberia recusar.

## *A SEPARAÇÃO* *

Ao ser anunciada pela secretária, Kemi veio recebê-la e entraram para seu escritório.

Assentados frente a frente, ele colocou os cotovelos sobre a

(*) "Abstinência e celibato, seja por decisão súbita do homem ou da mulher, interessados em educação dos próprios impulsos, no curso da reencarnação, ou seja por deliberação assumida, antes do renascimento na esfera física, em obediência a fins específicos, não contam indiferença e nem anestesia do sentimento." – Emmanuel/F.C. Xavier, *Vida e Sexo,* FEB, pág. 100.

escrivaninha e mergulhando seus olhos grandes e castanhos nos dela, disse-lhe:

– Isis, vou ausentar-me do Brasil, por um ano.

Um calafrio percorreu-a.

– Como?!... – balbuciou assustada.

Os olhos arregalados... Não queria acreditar nele.

Ele continuou sereno:

– Vou a trabalho para a Alemanha e liguei para lhe pedir um grande favor: sei que Lúcia está bem mas, gostaria que você a visitasse, na minha ausência.

Era sempre assim, a conversa formalizava-se e os verdadeiros sentimentos eram mais uma vez camuflados.

– Não é preciso dizer, Kemi, é claro que eu a visitarei. Tenho Lúcia como irmã, quanto a isto pode ficar tranqüilo. Mas, que viagem é esta?

Kemi mostrou-lhe a carta. Ficaram calados e pensativos.

Isis quebrou o silêncio:

– Vai aceitar?

– Sim.

– Vou sentir sua falta... Espero que saiba o que está fazendo.

– Eu também, Isis... Mas prometo mandar-lhe notícias.

– Quando parte?

– Dentro de três dias, apenas o prazo de preparar meu passaporte.

Os olhos permaneciam atentos às mínimas reações um do outro. Estudavam-se, tentando adivinhar os segredos da alma.

Ela desejava expor-lhe seus anseios. Porém um nó na garganta a impedia.

Os olhos se encontraram fixos, agora.

Isis teve vontade de se atirar em seus braços e lhe pedir que ficasse, porque ela precisava dele, perto dela!... Mas, com que direito, se ela mesma estava impedida de lhe dar qualquer coisa, senão sua amizade!

## *O DESTINO* *

Kemi aventurou, meio inseguro.

– A minha ausência servirá para colocar em ordem meus futuros projetos. Esta viagem surgiu como uma bênção...

– Kemi...

– Não diga nada, Isis... A distância alarga os horizontes.

– Vai ser bom para mim, também, tenho certeza. Desde o dia em que o Espírito me falou sobre o nosso pretérito, minha vida tem sido uma incógnita. Tenho meditado, sem chegar a nenhuma conclusão...

Kemi concordou, demonstrando compreensão:

– Você não está sozinha neste barco, Isis.

– Eu sei, é por isto que tudo se torna mais difícil.

– Não entendo!

– Um dia você entenderá como é viver entre a razão e o coração.

– Você pensa que eu também não vivo assim? O que você diz não é novidade para mim, Isis.

– Desculpe-me, eu sei que é capaz de compreender, apesar de muito jovem.

– Você se engana, eu sou velho demais para minha pouca idade, sinto-me deslocado no mundo.

(*) "Todo mal se resgata pela dor." – Léon Denis, *O Problema do Ser, do Destino e da Dor*, FEB, 17ª edição, pág. 300.

Desabafou, sentindo n'alma a vontade de lhe declarar seu amor, mas receava complicar as coisas. Entre eles erguia-se a barreira intransponível de seu matrimônio.

– Kemi, não quero vê-lo sofrendo...

Isis erguera-se no intuito de se aproximar e consolá-lo.

Agora, ali, tão perto e trêmulos, os dois estavam para se atirarem um nos braços do outro, quando o telefone tilintou.

... E no coração deles soou também a realidade.

O enlevo perigoso fora interrompido e relembradas as obrigações. Era assim, suas conversas sempre terminavam em nada e quando se separavam sobrevinha o vazio.

Na verdade, a viagem inesperada de Kemi abalou-os mais do que supunham. O relacionamento tornava-se demasiado íntimo e perigoso, mesmo sem terem feito uma declaração de seus verdadeiros anseios.

O êxtase afetivo poderia desviá-los do verdadeiro propósito de suas vidas.

O destino lhes proporcionava uma trégua, livrando-os de possíveis deslizes.

O ditado popular: "Longe dos olhos, longe do coração", quem sabe surtisse efeito para eles?

## *TENTATIVAS OPORTUNAS* *

A ausência dele era sua grande chance de voltar para dentro do lar, aos braços do marido e do filho.

(*) "Identifiquemos no lar a escola viva da alma." – Emmanuel/F.C. Xavier, Vida e Sexo, FEB, pág. 22.

"O que o homem faz de acordo com a lei do bem, proporciona-lhe tranqüilidade e contribui para sua elevação; toda violação provoca sofrimento." – Léon Denis, *O Problema do Ser, do Destino e da Dor*, FEB, 17ª edição, pág. 300.

"Hei de resistir, esquecer este amor e encontrar minha paz!"

Decidida como nunca a reconstruir seu lar desventurado e alcançar a suposta serenidade, Isis pensava que renunciando a ele, deixava-o igualmente livre para seguir seu destino com outra mulher e ser feliz.

Recorreu à oração e implorou forças para resistir.

Era um desafio.

Trabalhava em seus tapetes, guiada por uma motivação superior; encontrar tranqüilidade, consciente de que tudo gira em torno da vontade.

Procurava Kemi pela imperiosa necessidade de compartilhar com ele sua vida, mas não pretendia violar os laços matrimoniais e se comprometer com a lei de causa e efeito. Era a última coisa que desejava para si, pois conhecia o sabor amargo da traição.

Certa vez, inesperadamente, encontrou o marido abraçado com a secretária. Abalada, prometeu que jamais lhe daria como resposta a mesma atitude.

Embora houvesse perdoado o esposo, no fundo, desprezava sua fraqueza.

Superaram aquela crise conjugal, ele mudou de conduta, mas seu coração ficara magoado.

Recordou-se dos ensinamentos de Jesus sobre a mulher adúltera:

"– Vá e não peques mais!"

Estes episódios a mantiveram alerta quanto ao procedimento do esposo, no futuro. Amélia aconselhou-a amorosamente para não guardar mágoa e nem desconfianças.

Finalmente, o equilíbrio voltou ao lar e o tempo cuidou do esquecimento.

Agora, era ela quem incorria em erro, desde que a figura atlética de Kemi surgiu, seu modo de sentir e ver a vida mudou.

## *A VIAGEM* *

Desejando esquecer aquele sonho impossível e, favorecida pela distância, Isis procurou sinceramente melhorar sua convivência no lar. Aproximou-se do esposo, na expectativa de um diálogo:

– Enon, você não acha que precisamos de umas férias?

Ele voltou-se, meio surpreso, concordando com a idéia:

– Talvez, nas férias de julho... Uns quinze dias, na fazenda do Nei... Que acha?

– É uma excelente escolha! – exclamou Isis satisfeita.

– O campo nos fará bem... Nei tem nos convidado sempre.

– Será bom para Jesiel.

– Vamos avisá-los, então?

Jesiel ouviu o diálogo dos pais e participou da conversa, animado:

– Nossa mãe, vamos mesmo?

– Vamos sim, filho!

A decisão foi instantânea.

Faltavam apenas algumas semanas para encerrarem as aulas e a expectativa do passeio aumentava.

Isis cercava o marido de carinho, desfazendo aquele período de alheamento, provocado por seus devaneios.

O lar tornara-se mais aconchegante.

Enon conversava pouco, mas cultivava pela esposa um amor terno, a seu modo, embora parecesse frio e indiferente.

Finalmente chegou o dia de viajarem para fazenda.

---

(*) "A obediência é o consentimento da razão; a resignação é o consentimento do coração." – Allan Kardec, *O Evangelho Segundo o Espiritismo*, FEB, 107ª edição, pág. 164.

Isis foi despedir-se de Amélia.

– Que pena, Isis, Dório chegará na outra semana!

– Mas, ele ficará com você uns dias, não?

– Espero que sim.

– Então, nos veremos. Nossa viagem será breve.

– Alegra-me vê-la feliz e disposta!

– Este passeio nos fará bem, tenho certeza!

– O campo é um refrigério para a alma... – disse Amélia, incentivando-a meditar em meio à natureza.

– Adeus, minha querida, diga a Dório que o verei...

– Está bem! Deus os acompanhe, minha filha!

A amiga tinha certeza de que o passeio lhe faria grande bem.

## *KEMI E O TAPETE* *

É nos momentos mais difíceis que a providência divina se faz presente. A viagem de Kemi e aquele passeio ao campo surgiram como um lenitivo para seus Espíritos.

Os amigos espirituais acompanhavam atentos seus tutelados, intuindo-os.

Kemi sofria, mas acautelava-se perante as Leis Divinas: "Não cobiçar a mulher do próximo." – bastava a lembrança deste mandamento para se sentir criminoso.

Às vezes, não resistia e rebelava-se contra seu destino. Ao dormir procurava-a em sonhos. Rogava a Jesus não o deixasse viver sem ela, contradizendo-se.

(*) "Não temos, é certo, durante a vida corpórea, lembrança exata do que fomos e do que fizemos em anteriores existências; mas temos de tudo isso a intuição, sendo as nossas tendências instintas uma reminiscência do passado. E a nossa consciência, que é o desejo que experimentamos de não reincidir nas faltas já cometidas, nos concita à resistência àqueles pendores." – Allan Kardec, *O Livro dos Espíritos*, FEB, pág. 216.

Órion intervinha, compadecido da situação do pupilo, procurando confortá-lo.

Kemi era um elemento importante e Isis a peça fundamental, a chave de toda aquela engrenagem, o combustível que ele necessitava para desenvolver os fundamentos religiosos de sua existência.

A aproximação de ambos não se dera por mero acaso.

Contrariando o seu progresso, surgia o plano involuído aproveitando sua fraquezas e alimentando seus sonhos, para que não lograssem o êxito devido.

## *O TRANSE* *

Numa manhã de domingo, Kemi caminhava distraidamente e viu-se atraído por uma rua animada onde se vendiam antigüidades exóticas.

Deparou-se com uma exposição de tapetes persas, onde a arte oriental mostrava toda a sua exuberância.

A galeria era imensa e viu-se deslumbrado, em meio àqueles tapetes.

Meio zonzo, examinava-os, atento aos detalhes. Seus dedos tocavam as peças, analisando a perfeição das estampas em ricas combinações de cores. Ali estava o mundo oriental, exótico e misterioso.

Atraído pelos tapetes, seu pensamento recuou ao infinito do tempo... A saudade inundou-lhe a alma. Algo especial o puxara para a aquele ambiente. Uma mistura de realidade e fantasia emanava daqueles objetos. Sentiu-se reviver em uma antiga cir-

(*) "O estado de transe é esse grau de sono magnético que permite ao corpo fluídico exteriorizar-se, desprender-se do corpo carnal, e à alma tornar a viver por um instante sua vida livre e independente." – Léon Denis, *No Invisível*, FEB, 11ª edição, pág. 249.

cunstância. Num laivo de memória, seu Espírito recuou ao passado de três encarnações, em Marrocos.

Envolvido naquela magia, por um momento, a presença de Isis se fez tão forte que o aturdiu. Sentou-se num banco para melhor compreender o que se passava.

Sentia vertigem e a vista embaçada.

Em vão procurou sintonizar com seu espaço físico. Motivado pelos objetos, ele se viu projetado a uma situação que os séculos deixaram adormecida no arquivo de sua memória.

O passado distante voltou à tona, em questão de minutos. Por seu cérebro desfilaram as cenas mais íntimas vividas com Isis.

Trêmulo, mãos geladas, o peito arfando, atraiu a atenção de alguém que vendo-o prestes a desmaiar, segurou-lhe os ombros e indagou:

– Moço, precisa de ajuda?

Aquela voz chamou-o à realidade.

– Obrigado, não foi nada, apenas uma leve tontura.

Era um vendedor... Preocupado, trouxe-lhe um copo de água fresca para reanimá-lo.

Ainda confuso, Kemi procurou saber o preço daquelas preciosidades, grato pela atenção do velho vendedor:

– Quero escolher um tapete para presentear alguém.

O comerciante simpatizara com ele e deixou-o à vontade para escolher. A galeria era enorme. Kemi ficou horas namorando os tapetes e não encontrou dificuldades em sua escolha. Depois de examinar todos, escolheu um, cujos desenhos delicados, tinha certeza, iriam agradar a Isis. Observou demoradamente a estampa, deixou seus dedos correrem pelos relevos.

– O senhor entende de tapetes?

Indagou-lhe, curiosamente, o comerciante que observava.

– Não, é a primeira vez que visito uma galeria assim...

– O moço é muito sábio, este tapete é um dos mais cobiçados pelos entendidos!

– É mesmo! Por quê?

– O moço não sabe mesmo?

– Não. Não mesmo... – disse Kemi intrigado e descontraído.

– É um legítimo persa, vindo de Kashan! – explicou, satisfeito de seus conhecimentos.

Kemi sorriu e passou-lhe o endereço.

O vendedor o anotou para enviar a rica encomenda ao seu apartamento.

– Obrigado, por ter-me ajudado.

– Não foi nada. O moço está bem, agora?

– Claro! Desculpe-me o trabalho.

– Volte sempre que quiser!

Impressionado com o estranho passeio, pensou que estivera vivendo um sonho.

## *A VOLTA* *

O pequeno grupo familiar regressara das férias.

Chegavam alegres e refeitos do abençoado descanso. A bela e rica região favoreceu principalmente a Isis, devolvendo-lhe as faces rosadas e a vitalidade física.

Entre os esposos estabelecera-se uma convivência menos formal e mais íntima.

A mudança de ares fê-los reverem seu ninho doméstico e o quanto ele era importante.

---

(*) "A alma contém, no estado virtual, todos os germens dos seus desenvolvimentos futuros." – Léon Denis, *O Problema do Ser, do Destino e da Dor*, FEB, 17ª edição, pág. 119.

Jesiel desfrutara da liberdade do campo, divertindo-se com os primos que tinham, mais ou menos, a mesma idade. Tinha muitas aventuras para contar aos colegas de aula e aos amigos de sua rua.

Isis extraiu de seu passeio grandes lições, observando a humildade das pessoas que trabalham no campo.

Tudo, na fazenda, a encantara, desde o germinar das sementes, o gado, o mato... Era uma dádiva do céu!

A natureza, trabalhada com amor, devolve ao homem do campo os elementos essenciais ao equilíbrio emocional, como se ele fizesse uma permuta com a mãe terra.

Ah! Haveriam de voltar novamente àquele paraíso!

O passeio serviu para amenizar suas preocupações sentimentais e restaurar seu sono.

Procurou levar a mensagem espiritual aos moradores da fazenda e orientou alguns casais na realização do culto cristão no lar.

Entretanto, em matéria de fé e moralidade aquela gente lhe passara lições valiosíssimas. O homem do campo é um predestinado à paciência e à humildade. Sua vida em perene contado com a natureza, obriga-o a estar em comunhão direta com o seu Criador.

Enfim, regressou impregnada dos fluidos da terra, dos horizontes e da vegetação. Fora um verdadeiro bálsamo para seu Espírito.

## *O DETERMINISMO* *

Não esquecera Kemi, mas sentia-se fortalecida para quem sabe, atravessar a curva perigosa de seu destino, como lhe predissera aquele Espírito que muito a intrigava.

---

(*) "525 – Exercem os Espíritos alguma influência nos acontecimentos da vida?"
"Certamente, pois que vos aconselham." – Allan Kardec, *O Livro dos Espíritos*, FEB, 74ª edição.

Ao chegar da fazenda, procurou imediatamente Amélia.

Dório ainda se encontrava em sua casa.

Fariam uma sessão mediúnica em seu benefício e de alguns amigos.

Ansiava por conversar com aquele Espírito. Não duvidava do vínculo afetivo que a unia a Kemi, mas a confirmação do Espírito, quanto ao perigo que a ameaçava, deixava-a confusa.

Chegou mais cedo que o normal para conversarem.

– Senti sua falta, Amélia – disse, abraçando-a carinhosamente.

– Como está bonita! O campo lhe fez bem... – observou jubilosa, afastando-se para examiná-la melhor – até engordou!

– Estou bem sim, querida... E você?

– Graças a Deus, muito bem... Mas, Isis, venha. Os outros estão chegando!

Algumas pessoas entravam e junto deles Dório, bem humorado.

Logo a sala estava repleta.

Amélia leu sobre o "Advento do Espírito de Verdade". Suas palavras vibraram no ar, harmonizando o ambiente.

Estabeleceu-se uma corrente magnética propícia.

Dório, olhos fechados, entregava-se passivamente ao mister do intercâmbio espiritual. Ouviu-se apenas um suspiro. E o protetor veio atender às solicitações.

Antes de iniciar as consultas, o mentor comentou a leitura:

"– Fomos criados fracos e ignorantes para no tornarmos fortes e sábios. O trabalho incessante do bem é a ponte para a construção da felicidade. Somos os mortos da carne ajudando os vivos da matéria a crerem na imortalidade da alma.

A vida é a prova.

A dor é o buril.

O adestramento moral é a soma de todas as encarnações.

O Espírito imortal vai se aperfeiçoando, vagarosamente, no curso contínuo das migrações terrenas.

É o chamamento aos verdadeiros princípios da Lei de Deus que consola e redime o fraco, para torná-lo forte."

O Espírito fez uma pausa.

Isis aproveitou para perguntar-lhe:

– Irmão, como saber onde começa o nosso livre-arbítrio e o determinismo que nos impulsiona a certas atitudes, mesmo nos contrariando? Pois sabemos que a fatalidade não existe. Só o bem é determinado...

O Espírito respondeu-lhe:

"– Minha filha, o ser é o escultor de seu próprio destino. A grande meta é a perfeição e para alcançá-la, está sujeito às determinações da Lei. Leis traçadas que vão se delineando à medida que o Espírito vai tomando consciência de sua liberdade de escolha.

Conforme o uso do livre-arbítrio, cria-se o determinismo formando aquilo que comumente dizem ser a fatalidade."

– Isto quer dizer que não existe a predestinação?

Queria compreender o vaticínio daquela curva perigosa.

"– Não."

O Espírito foi claro, mas ela ainda não se conformava.

– Como nos esclarece, então, determinados reencontros?

"– Os vínculos do pretérito retornam, provocando o reajuste necessário. O adiantamento moral irá determinar o procedimento correto, é por isso que Nosso Senhor recomendou o "orai e vigiai".

## *SOBRE A CURVA PERIGOSA* *

– Desculpe-me, mas preciso ainda esclarecer uma dúvida, pode ser?

"– Naturalmente, estamos aqui a serviço."

– Alguém me falou numa curva perigosa do caminho, será que ela existe mesmo? E quando a atravessarei?

O guia espiritual de Dório compreendendo sua preocupação, esclareceu-a:

"– Existem os desafios da estrada evolutiva e os avisos sugerem a cautela no instante da travessia. Coragem! Nosso Senhor nos conclama ao "orai e vigiai".

– Obrigada pela informação.

A entidade colocou-se à disposição para que outros pudessem se aproximar.

Satisfeita e agradecida, Isis compreendia agora o alerta que recebera, aquilo era apenas uma advertência da possível curva.

A curva perigosa que ela tanto temera, não a preocupava mais. Ficou sossegada porque se alguém tentara iludi-la, só fizera alertá-la. No íntimo de sua alma começou a agradecer àquele ser, que ainda permanecia no anonimato, mas ciente de que ele em algum lugar a ouvia, orou em seu benefício.

## *INCERTEZA* **

A distância imposta entre os dois amigos enamorados,

(*) "O médium é um instrumento delicado, repositório de forças que se não renovam indefinidamente, e que é preciso utilizar, com moderação." – Léon Denis, *No Invisível*, FEB, 11ª edição, pág. 93.

(**) "Os nossos atos e pensamentos traduzem-se em movimentos vibratórios, e seu foco de emissão, pela repetição freqüente dos mesmos atos e pensamentos, transforma-se, pouco a pouco, em poderoso gerador do bem ou do mal." – Léon Denis, *O Problema do Ser, do Destino e da Dor*, FEB, 17ª edição, pág. 300.

serviu para acalmá-la, mas com Kemi o mesmo não acontecia. Ele acalentava a esperança de um dia concretizar seus anseios.

Seu amor crescia e temia voltar ao Brasil. Não sabia qual era o pior: viver longe dela ou estar a seu lado, sem tê-la.

Na tentativa de fugir àquele amor, procurou interessar-se por outras mulheres. Tudo inútil. Continuava totalmente enfeitiçado pela mulher de seus sonhos.

Seria isto amor?

A incerteza o martirizava. Neste estado d'alma desabafou num poema seus sentimentos, registrando no papel sua dor e a felicidade fugidia.

Naquele momento mágico nasceu não apenas um poema, mas um poeta sufocado pela dor.

Ele obtivera uma pequena folga para rever a família, estava saudoso.

Isis mais tranqüila ocupava o tempo de vários modos. Naquela manhã, dedicava-se a seu jardim.

O chão atapetado de flores miúdas alegrou seu coração, observou-as carinhosamente e depois ergueu os olhos ao céu. Como era seu costume pensar em voz alta, conversou com Deus e a natureza:

"Senhor, Criador dos universos e dos sóis, em tudo colocastes um pouco do vosso amor superlativo. Tanto é lindo ver o chão atapetado de flores, sentir o perfume das rosas, o aroma das folhagens, a pele aquecida pelos raios, como ver a noite estrelada e ouvir o silêncio sideral. Sou grata por tudo mais, sinto-me constrangida em ainda cultivar na alma, sentimentos que me impedem de evoluir!

Meu Deus, dai-me forças para resistir à curva perigosa que me está reservada, ainda penso nele e somente o Senhor conhece minha intimidade!

Preciso de forças. Rogo que me protejais das tentações e das minhas fraquezas para que eu consiga sublimar este amor!"

– Conversando sozinha, Dona Isis? – interrogou Beatriz, sorridente.

Envolvida com seus pensamentos não ouvira a moça chegar. Meio desconcertada, explicou-se:

– Orava em voz alta.

– Desculpe-me se a atrapalhei, é uma ligação.

– Tão cedo?

## *AS PRIMEIRAS DESCOBERTAS* *

Isis atendeu àquela chamada:

– Alô!

– É a esposa do Sr. Enon?

– Sim.

– Somos da Imobiliária Torres, desculpe-nos procurá-la, tão cedo, mas há dias tentamos encontrar seu marido, inutilmente. Avise-o de que sua prestações estão indo para o protesto.

– Não sei do que se trata, mas têm certeza de que é a ele mesmo que procuram?

– Claro, minha senhora, seu marido não se chama Enon Gomes?

– É ele mesmo, darei seu recado.

– Obrigado.

Colocou o telefone no gancho, pensativa.

(*) "A lei de justiça não é, em essência, senão a lei de harmonia; determina as conseqüências dos atos que livremente praticamos." – Léon Denis, *O Problema do Ser, do Destino e da Dor*, FEB, 17ª edição, pág. 168.

"Enon tem muitos negócios e nunca faz comentários."

Anotou o recado e chamou Beatriz.

– Beatriz, anotei este recado, se não encontrar Enon, transmita-lhe, por favor.

– Pois não, Dona Isis.

Beatriz era uma moça pobre que servia sua patroa há cinco anos. Espectadora da vida do casal, notava o seu relacionamento frio e distante. Obrigada a ficar o dia inteiro em casa, recebia telefonemas em horários em que a patroa se encontrava na escola. O patrão sempre lhe pedira para não comentá-los com ela. Obediente, Beatriz, limitava-se às suas obrigações.

Embora insatisfeita por omitir-se à patroa, calava-se, cuidando das tarefas, como sua mãe lhe ordenara.

Amava a patroa e jamais teria coragem de levantar uma questão que suscitasse dúvidas ou a magoasse, mas desabafava suas preocupações com a mãe.

Isis já havia saído quando Beatriz transmitiu-lhe o recado.

– Sr. Enon, Dona Isis anotou este telefonema.

O homem ficou pálido, disfarçou, chamou a moça e disse:

– Beatriz, se Dona Isis lhe perguntar alguma coisa sobre aqueles outros telefonemas que você recebe, quando não estou, cale-se.

– Sim, senhor...

– Ela é muito preocupada e é melhor que não o saiba, certo?

Beatriz recordou-se das advertências maternas.

"– Minha filha, somos pobres e precisamos do trabalho. Cada qual tem sua vida. Cuide de suas obrigações com cuidado. Todo casal tem problemas."

E, ela sempre respondia à mãe:

"– De minha boca ela nunca saberá, fique despreocupada, mamãe."

## *A VISITA* *

O telefone tocou.

Isis atendeu.

– Alô!

– É Isis?

– Sim.

– Aqui é Lúcia, como vai?

– Lúcia! Que prazer! O que a levou a chamar-me tão cedo?

– Uma feliz notícia, adivinhe. O mano chegará na próxima semana!

– Já?!!!

– Não é para menos, seis meses de ausência!... Vou à sua casa hoje, preciso muito conversar com você...

– Venha mesmo Lúcia, estou com saudades. Às quatro horas está bem?

– Combinado.

Despediram-se.

Contente, ela cantarolou uma velha canção paraguaia.

O marido entrou na sala, intrigado:

– Qual o motivo de tanta alegria?

---

(*) "A intuição não é, pois, as mais das vezes, senão uma das formas empregadas pelos habitantes do mundo invisível para nos transmitirem seus avisos, suas instruções." – Léon Denis, *O Problema do Ser, do Destino e da Dor,* FEB, 17ª edição, pág. 354.

– Nada, apenas um aviso de Lúcia.

– Qual?

– Kemi chegará...

Percebeu seu entusiasmo e, sem comentários, absorveu-se na leitura do jornal, enquanto tomava seu café matinal.

Vestiu o paletó e se despediu, dizendo-lhe:

– Voltarei somente à noite.

– Não virá nem para o jantar?

– Não – disse lacônico, encaminhando-se para a porta apressado.

Notou o marido um pouco pálido, o aspecto cansado. Acompanhou-o até o carro e um estranho calafrio percorreu-lhe a espinha dorsal.

"O que está acontecendo? A frieza de Enon não me magoa mais, mas me faz sentir tão só... estranhamente só! É como se ele estivesse ausente."

Ela e o companheiro não se casavam nem em Espírito e nem na matéria.

Sonhadora, percorreu o aposento, procurando a luz solar. Alegrava-se só em pensar que iria rever Kemi. Aqueles meses pareciam uma eternidade.

Os laços invisíveis que a prendiam a ele eram mais fortes que o seu relacionamento conjugal. Talvez aí estivesse a razão, pois o mais importante permanecia oculto aos olhos e não havia como mudar.

Lúcia chegou. Trazia no olhar uma felicidade sem jaça.

– Isis! – disse segurando-lhe as mãos – imagine que surpresa lhe trago?

– Você me disse ontem, esqueceu-se?

– Não, não se trata de Kemi.

– O quê, então?

– Adivinhe!

– Nem posso imaginar!

– Estou grávida!

– Ah! Que maravilha! Deus a abençoe Lúcia, estou muito feliz! Mas, quando o soube?

– Nesta manhã mesmo! Meu exame deu positivo.

– E Carlos, como recebeu a notícia?

– Felicíssimo... Nem acredita!

– Imagino!... Agora, precisamos cuidar do enxovalzinho.

– Teremos muito tempo... falemos de Kemi.

– É mesmo, quando ele chegará?

– Não me disse o dia certo, mas está perto.

– Ele virá para ficar?

– Penso que não, Isis. Ele deverá continuar seu trabalho na Alemanha... Acredito. Parece um sonho, estou morrendo de saudades dele!

– Eu também – confirmou Isis.

Lúcia jamais poderia imaginar o amor refreado que palpitava no coração da amiga.

Ficaram conversando por muito tempo entre chás e guloseimas e depois se despediram afetuosamente.

As notícias da amiga renovaram sua alma, deixando-a muito feliz. Beatriz acompanhara alguns trechos da conversa, enquanto lhe servia o chá. Observando a transformação da patroa, não se conteve:

– Faz tempo que não a vejo assim.

– Assim como, Beatriz?

– Tão feliz!

– É mesmo?!!!

A mocinha aproveitou para lhe expor seu problema:

– Dona Isis, tenho que sair mais cedo, mamãe está meio adoentada. Se me permitir, eu já vou...

– Claro, Beatriz! Inclusive tenho uma cesta de alimentos para ela. Espere... Vou buscar.

– Obrigada, Deus lhe pague!

Notando sua dificuldade com o peso, prontificou-se em acompanhá-la, ao que a jovem respondeu:

– Não precisa, Dona Isis, posso levá-la sozinha.

– Vou com você, Enon demorará.

– E Jesiel?

– Encontra-se em casa de um colega.

Feliz, queria repartir sua alegria com todos. Deixou um recado escrito para Enon, dizendo-lhe que buscasse Jesiel em casa do colega.

## *O INFORTÚNIO OCULTO* *

As duas tomaram o ônibus. Beatriz morava com sua mãe e dois irmãos.

O bairro distante demonstrava, na singeleza das casas, a

(*) "Esses infortúnios discretos e ocultos são os que a verdadeira generosidade sabe descobrir, sem esperar que peçam assistência." – Allan Kardec, *O Evangelho Segundo o Espiritismo,* FEB, 107ª edição, pág. 213.

pobreza ali aglomerada. Isis acostumada às peregrinações do Centro Espírita, não se espantava com aquele submundo.

Ao descerem do ônibus, andaram ainda duas quadras para chegarem à casa da menina.

– Há tanta desigualdade neste mundo... – disse Beatriz em tom meio revoltado.

– As diferenças, Beatriz, não me assustam, sabe? O que me assusta é a impossibilidade de se fazer algo para melhorar as coisas!

– A senhora acha que está certo tanta diferença?

– Certo não está, mas o Espiritismo explica muito bem estas diferenças, através da lei de causa e efeito.

– Até as injustiças que acontecem?

– Mesmo as injustiças que acontecem no mundo, Beatriz, são permitidas por DEUS...

– Como Deus permite que isto aconteça?

– Beatriz, Deus criou a Justiça e a Bondade... Os homens criaram a injustiça, entende?

– Mas foi Deus que criou o homem?! – interrogou a mocinha interessada.

– Claro! Ele criou o ser humano simples e ignorante e este construiu o mal. A maldade é um estado passageiro das criaturas.

– Quando a maldade vai ter fim, então?

– Quando ela desaparecer do coração das pessoas.

– Não sei como a senhora consegue entender tudo isto e ser boa ao mesmo tempo.

– Você se engana, não sou entendida e nem bondosa, apenas esforçada! – disse Isis sorrindo para a moça.

– ... E modesta! – arrematou Beatriz, balançando a cabeça.

Estavam chegando.

Isis acreditava sinceramente na transformação do mundo, através da mudança dos sentimentos das criaturas. Convicta de sua fé operosa, em tudo via a ação sábia de Deus, que rege os destinos da humanidade.

A miséria não a chocava, mas a alertava quanto a responsabilidade de esclarecer e auxiliar seu semelhante.

– Dona Isis, a senhora está tão radiante hoje que mamãe vai melhorar, quando vê-la. Tenho certeza, que sua visita lhe fará muito bem.

– Isto é amor, Beatriz, o amor dá-nos forças para viver e fazer os outros felizes.

– É mesmo Dona Isis, sem amor ninguém vive... – falou a jovem sem compreender aquela espécie de amor de que lhe falava a patroa.

Ao adentrar no lar humilde, encontrou D. Genoveva estendida no catre.

A mulher necessitava de muitos cuidados pois Beatriz, ausente o dia todo, a deixava em companhia de irmãos pequeninos e a mercê dos vizinhos amigos.

Sua visita era muito oportuna.

Auxiliou Beatriz a guardar os mantimentos, depois foi confortar aquela senhora, envelhecida prematuramente.

Dona Genoveva sentiu-se muito honrada com sua visita, sabia o quanto ela era bondosa para a filha que constituía o arrimo de seu pobre lar.

Os irmãos de Beatriz, dois meninos, brincavam do lado de fora com a gurizada; ao verem a irmã, correram para casa.

– Joãozinho, você não varreu a casa hoje! Este menino só pensa em brincar!

Tal qual uma mãezinha, foi aconselhar os dois irmãos pequenos que, criados soltos com a garotada, não tinham mesmo responsabilidade e deixavam a mãe, muitas vezes, preocupada e sozinha.

– Obrigada, Dona Isis, não precisava se preocupar. Logo a senhora, tão bem cuidada, estar em nosso bairro? O que não irá dizer o seu esposo, quando souber?

– Não se preocupe Dona Genoveva. Há muito precisava vir. Estou em falta, desde a minha viagem para a fazenda e, hoje, finalmente tive essa oportunidade. Mas como está se sentindo?

– Ah! Minha filha, as dores nas costas não cessam e à noite mal consigo dormir, devido à tosse.

– Está tomando algum medicamento? – perguntou-lhe, observando seu estado grave e procurando algum remédio.

– Este xarope apenas... – respondeu-lhe, indicando um vidro sobre a cadeira.

– Ah! Mas não é o suficiente, a senhora está precisando mesmo é de cuidados médicos; – e voltando-se para Beatriz com ar preocupado – por que não me disse, Beatriz que sua mãe estava tão mal assim?

– Eu não queria incomodá-la Dona Isis... E depois como fazer para levar a mamãe ao médico?

– Iremos hoje mesmo. Ela tem febre, pode ser um princípio de pneumonia. Vamos alugar um taxi e levá-la ao hospital imediatamente.

Isis jamais voltaria ao lar, sem antes confortar aquela doente.

Beatriz saiu com o irmão em busca de um taxi, e o outro irmãozinho, Manoel, foi chamar a vizinha do lado.

– Ela é uma boa filha, mas muito jovem e inexperiente. Tenho tanto medo de partir e deixar meus filhos, coitadinhos...

Dona Genoveva se pôs a soluçar.

– Isto não vai acontecer. A senhora vai recuperar a saúde. Confie em Jesus, ele haverá de nos auxiliar. Acalme-se.

– Foi Ele que a trouxe aqui hoje, Dona Isis. Deus a abençoe e a faça muito feliz.

– É nossa mera obrigação sermos úteis, Dona Genoveva. Deus nos dá condições para sermos seu instrumento, senão a vida fica sem sentido. Jesus e seus apóstolos deram-nos este exemplo.

Estava entardecendo quando o taxi chegou.

Rapidamente a vizinha do lado foi avisada e recomendada para cuidar dos dois meninos que ficariam sozinhos.

A vizinha tranqüilizou-as. Poderiam ir para o hospital sossegadas. Joãozinho e Manoel seriam bem cuidados.

Saíram rumo ao hospital mais próximo. Isis assumiria as despesas.

O caso grave foi detectado logo pelo médico. Tratava-se de uma pneumonia.

Após o internamento de Dona Genoveva, Isis telefonou para casa e pediu a Enon que a buscasse.

O marido contrariado com o desprendimento da esposa, mas sabendo da gravidade do caso, nada reclamou e deixou passar o fato sem molestá-la, embora achasse que ela havia se excedido.

## *O SONHO DE ISIS* *

Isis estava satisfeita pelo serviço prestado.

Ao deitar-se, orou pela saúde da mãe de Beatriz, depois

(*) "Pelos sonhos. Quando o corpo repousa, acredita-o, tem o Espírito mais faculdades do que no estado de vigília. Lembra-se do passado e algumas vezes prevê o futuro." – Allan Kardec, *O Livro dos Espíritos*, FEB, 74ª edição, q. 402.

adormeceu profundamente. Sua alma leve e diáfana desprendeu-se parcialmente do corpo e buscou o Espírito de Kemi. Em forma de sonho, ambos se encontraram no éter infinito, consolando-se mutuamente e diminuindo a saudade.

Estavam num jardim repleto de flores azuis, como jamais havia visto em toda a sua vida.

Ali tiveram uma longa conversa e relembraram a sua vida em Marrocos, revivendo aquele tempo distante no arquivo da saudade.

A sensação de felicidade foi cortada pelos soluços, quando o viu demandando lugares longínquos. Isis se viu no vazio e na solidão de sua vida.

Mas em seu sonho, ele retornara, prometendo-lhe nunca mais abandoná-la. Permaneceriam sempre juntos, não obstante todos os obstáculos que o destino lhes preparasse.

Isis embalou-se nesta promessa e, em sonho, adormeceu nos braços de seu amado, num amplexo de suprema felicidade.

No dia seguinte, acordou sobressaltada, mas feliz.

Demorou a se dar conta do atual ambiente. Era um sonho... e quem diz que os sonhos não são a realidade?

Não duvidava que estiveram juntos, mas a recordação da vida em Marrocos, tumultuava sua mente...

Beatriz acompanhava a mãe ao hospital, enquanto Isis se ocupava com as tarefas do lar.

Enon deveria viajar e Jesiel iria para a escola.

Ligou ao hospital para saber notícias de Dona Genoveva.

Beatriz informou-lhe que a mãe estava melhor e sem febre, mas continuava sob observação médica. Preocupada com a patroa, disse-lhe:

– Pretendo deixar mamãe com as enfermeiras e retornarei ao trabalho.

– Não, não Beatriz, espere que sua mãe melhore, depois nós trataremos disto.

– Como fará, Dona Isis, a senhora precisa ir ao colégio!

– A passadeira vai ajudar-me e eu tenho algumas folgas para desfrutar. Não se preocupe. Tenho uma colega para me substituir.

Desligou o telefone e Enon, contrariado com a importância que ela dava ao caso da empregada, saiu nervoso sem dizer quando voltava.

Acostumada com seu modo temperamental, pensou – "Seria tão bom se houvesse mais complacência entre as pessoas. O mundo estaria certamente menos infeliz! Pobres criaturas que desconhecem seu futuro..."

Em seguida, teceu uma prece para o companheiro nervoso e agitado.

Antigamente, esta atitude de Enon a faria chorar mas, hoje, era diferente, ela se habituara a seu mau humor e recorria sempre à oração. Com este hábito percebia que tudo acalmava.

A vida é uma bênção divina, pensava, e é preciso aproveitá-la com as boas ações.

O estranho sonho voltou à sua mente.

Seria uma reminiscência da antepenúltima reencarnação em Marrocos?

A sensação de ter estado com Kemi, durante a noite deixou-a agitada. Lembrou-se de um poema de Sheakespeare: "Impedimentos não admito para a união de corações sinceros."

Se na terra existiam tantos impedimentos, em Espírito ela conservava a liberdade plena.

Cheia de energia foi colocar em ordem a sua moradia, cantando e feliz.

## *A INTERVENÇÃO ESPIRITUAL* *

Mais tarde, Isis convidou Amélia para visitarem Dona Genoveva.

A mediunidade é algo tão maravilhoso que muitas criaturas desconhecendo sua utilidade, desmerecem-na. Os que a louvam, dela extraem os melhores frutos.

Elas adentraram no hospital, levando um vidro limpo de água filtrada e *O Evangelho Segundo o Espiritismo.*

No quarto, ali fechadas, as quatro mulheres se preparavam para transmitirem um passe na doente. Oravam fervorosamente. Amélia colocou sua destra sobre a cabeça da enferma, enquanto Isis a acompanhava silenciosamente, orando. Foi então, que percebeu as tonalidades violetas que saíam das paredes e inundavam o quarto. Ao lado direito da doente, ela sentiu a presença de uma entidade espiritual que emitia raios ultravioletas e penetravam a parte afetada da doente, expelindo os fluidos impuros ali acumulados.

Ao terminarem o passe magnético, tudo cessou. A visão desapareceu.

Aquele fenômeno lhe deu grande contentamento.

Dona Genoveva animou-se sob aquele influxo e refeita virou-se para Amélia:

– Tive a sensação plena de que alguém mais estava aqui.

– Percebi vagamente uma presença, a senhora vai ficar boa, se Deus quiser!

Isis desejando confirmar sua vidência, perguntou a Dona Genoveva:

---

(*) "O poder de curar pelo olhar, pelo tato, pela imposição das mãos, é também uma das formas por que a ação espiritual se faz sentir no mundo." – Léon Denis, *No Invisível*, FEB, 11ª edição, pág. 409.

– Quem a senhora viu?

– Um vulto luminoso que transmitia paz.

As conjecturas foram interrompidas com a entrada da enfermeira e do médico. Este observou a doente e admirou-se com a súbita melhora, pois, o quadro anterior expressava uma enfermidade em franca evolução.

Era espantoso! D. Genoveva apresentava grandes melhoras, as cores dos lábios e do rosto haviam voltado. Aquilo era muito bom. Os medicamentos haviam sido benéficos e ela poderia receber alta em dois dias, se o estado geral não sofresse mais modificações.

Beatriz que passara a noite com a mãezinha, vendo-a febril e angustiada, mais que ninguém percebera a influência benéfica do passe na mudança do quadro clínico.

Certa de que, apesar da eficácia dos medicamentos, o passe contribuíra muito além para o restabelecimento da sua mãe, simples e agradecida, Beatriz não se conteve:

– Realmente doutor, ontem mamãe estava muito mal, mas elas chegaram, – apontou Isis e Amélia – deram-lhe um passe e como o senhor mesmo comprovou, ela melhorou demais!

O médico olhou surpreso, ela inocentemente continuou:

– Não estou desfazendo de sua medicina, mas quero que saiba o quanto é importante um passe para o enfermo. Hoje pude realmente comprovar isto.

O médico calou-se, sem compreender o que houvera. Garantiu que a medicação estava correta. Diante do olhar puro da jovem, nada mais disse e receitou nova medicação.

Quando ele saiu, Beatriz reclamou:

– Viu D. Isis, os médicos não acreditam mesmo no poder do passe dos espíritas!

– Não pense assim, Beatriz, – disse sorrindo – os médicos só acreditam em sua Ciência. Mas, um dia, eles haverão de aliar os seus conhecimentos científicos aos da medicina espiritual e os tratamentos serão modificados.

E continuou explicando:

– Mesmo descrendo, Deus que é o Amor Infinito não os deixa desamparados, Ele os inspira, através de seus guias, sem que o saibam. Os médicos são protegidos, quando exercem sua medicina com dignidade.

Tudo voltou ao normal e, depois de uma semana, D. Genoveva saiu do hospital. Isis acompanhou o caso até o final, a despeito do marido.

Enon não era mau, mas a sua generosidade ainda não ia à dedicação. Sua irritação era visível.

## *A SUSPEITA DE UMA TRAIÇÃO* *

Obrigada pelas circunstâncias a permanecer em casa o dia inteiro, tinha oportunidade para colocar em ordem sua moradia que ficava sob o controle de Beatriz, como as ligações telefônicas do marido que a mocinha anotava e eram para ele repassadas, sem ela se dar conta.

Justo naquela semana, recebera um telefonema comprometedor de uma mulher que julgando conversar com a empregada, dizia autoritária e estridente:

– Você diz a Enon que eu o espero, sem demora, no horário combinado.

– Eu vou anotar, espere!

– O horário é às três horas da tarde e o endereço ele sabe muito bem!

(*) "As intuições e as inspirações que ele recebe do Alto corresponderão a esse lado especial de seu caráter." – Léon Denis, *O Problema do Ser, do Destino e da Dor*, FEB, 17ª edição, pág. 306.

– Com quem estou falando? – perguntou Isis sem compreender.

– Lenita! – disse desligando o telefone abruptamente, deixando-a intrigada.

A mulher, certa de que houvera falado com a empregada, não se preocupou. Mas, Isis ficou intrigada.

"Quem será esta pessoa? Lenita..."

Registrou o recado junto às anotações costumeiras.

Aquele telefonema, fugia a seu controle. Procurou esquecer o caso, mas a voz metálica era impossível.

Disfarçadamente, observou a reação do esposo ao ler os bilhetes. Nervoso embolou o papel e o atirou ao lixo. Olhou para os lados, viu Isis distraída cuidando do armário e pensou: "Este caso está se complicando demais!"

– Leu todos os recados? – perguntou-lhe, afetando indiferença.

– Ah! Sim, coisas sem importância, infelizmente tenho que sair outra vez.

Enon mudara muito seu modo de ser. Havia algo duvidoso no ar.

Isis não queria julgá-lo erroneamente, mas decidiu segui-lo, um tanto constrangida com sua atitude mesquinha. Pegou um taxi, era seu lar que estava em jogo.

Algo lhe dizia que ele ia ao encontro da mulher.

O taxi seguiu o automóvel que se distanciou do centro da cidade e alcançou um conjunto de casas, num bairro de classe média. Isis pediu ao motorista que diminuísse a marcha.

O carro de Enon desapareceu pelo portão que foi imediatamente fechado.

Um muro alto cobria a fachada da casa. Ela não viu mais nada e anotou o endereço.

Voltou à casa pensativa. Ali, certamente estava a resposta das atitudes estranhas do marido em relação à família e as respectivas mudanças de humor.

Seu coração batia acelerado.

Tentou se acalmar.

Numa atitude bem feminina começou a examinar os objetos pessoais do esposo, procurando uma resposta.

Até então, ela nada suspeitara. Culpava-se por seus devaneios. Dava-se conta do quanto vivia alheia.

Entre os objetos de Enon, encontrara um bilhete amarelado no bolso interno de um antigo paletó que dizia o seguinte:

"Guarde este como recordação do nosso primeiro encontro e do nosso amor, sua Lenita".

Era um papel azul, trazia no verso o nome de um restaurante à beira mar, com a data, outubro de 1974.

Seis anos atrás.

Era comprometedor.

Isis não sabia o que pensar e voltou o papel ao mesmo lugar.

Sua cabeça parecia estourar. Estaria sendo traída desde aquela época? Aquilo justificava a sua apatia conjugal, o relacionamento enfraquecido, gélido, dois estranhos sob o mesmo teto!

Havia outra... só podia ser... como abordar assunto tão delicado com ele?

Jesiel estava para voltar do colégio, não queria que ele percebesse sua aflição.

Em mãos um endereço que, com certeza, era o dela e a época do primeiro encontro. Gostaria de estar enganada.

Consultou a lista e no catálogo o nome "Lenita de Menezes Castanhola", confirmava o endereço... Era inacreditável!

Aquilo perturbava sua vida. Olhou ao redor, tudo estava normal: os móveis, suas coisas, seu ambiente, a sala de visitas, a biblioteca, a sala de jantar, o seu jardim... Mas, sua cabeça parecia que ia estourar.

Não sabia como reagir perante aquele dúvida... era uma incógnita!

Tinha por deve ocultar de Jesiel e preservar a imagem do pai, que ele adorava.

Sentou-se no sofá, mergulhou a cabeça entre as mãos. Os dedos comprimiram-lhe o cérebro. Ficou assim pensativa... revendo sua vida... antes e depois de 1974.

Lembrou-se do vazio que sentia. Enon... um esposo sempre ausente!

Na verdade, seus Espíritos não se casavam.

Suspirou fundo.

Duas lágrimas quentes e grossas caíram nas faces. Sentiu o gosto salgado de uma delas. Chorava por algo que nem mesmo ela sabia, se era desilusão, dor ou ciúmes.

Kemi veio em seu pensamento agora, tão forte que ela estremeceu toda.

Então Isis chorou de soluçar, como há muito não acontecia.

Lágrimas que romperam lavando sua alma nas torrentes obscuras de seu próprio eu.

Ela e Enon, dois destinos desencontrados.

A Lei os submetera ao mesmo lar. Ela era a base sólida que agora balançava.

Tudo desmoronava, naquele momento em que deveria ser firme como uma rocha.

A vida lhe outorgara tudo. Mas aquele tudo, correspondia ao nada. O que mais queria mesmo, era o amor de Kemi.

Esta sim era sua desdita, a sua ilusão e a sua verdade.

## *O REGRESSO DE KEMI* *

Naquele exato momento, alguém se preparava para visitar seu país.

Kemi organizava sua bagagem com várias lembranças daquele mundo diferente...

Chegara à conclusão de que sua vida d'agora em diante seria a de um andarilho, pois pretendia fugir daquele amor.

Enon era a barreira mais forte que se antepunha entre eles.

Sonhava encontrar a certeza plena de que seu amor também era correspondido... Se a recíproca fosse verdadeira, tudo mudaria. Não suportava mais, haveria de lutar até o fim. Exigir dela uma separação? – pensava. Mas, Enon surgia como uma montanha... Não era apenas ele, sua formação moral também entrava em jogo... não o permitiria, jamais.

Teria ele forças para renunciar?

Não tinha dúvidas, a distância só fizera aumentar seus sonhos impossíveis!

Estava perdido num labirinto!...

Observou o tapete persa embalado cuidadosamente. Era o presente que entregaria a ela como lembrança daquela estranha feira que o perturbara.

Sem compreender bem a razão, aquele tapete o magnetizava, como se ali, em seus desenhos exóticos, guardasse um mundo mágico tecido linha a linha, ponto a ponto, o seu próprio destino.

---

(*) "Se cada um de nós pudesse ler em seu passado o que foi, o que fez, quanto não seria maior nossa indulgência para com as faltas alheias! – Léon Denis, *O Problema do Ser, do Destino e da Dor*, FEB, 17ª edição, pág. 165.

Kemi viajaria naquela tarde. Sua missão naquele país estava parcialmente cumprida. Retornaria uma semana depois para concluir o trabalho.

Estava feliz e disposto.

## *A TRAIÇÃO* *

Enon penetrou os umbrais daquele portão e foi recebido pela amante que se jogou em seus braços, dengosa e exigente.

Deixou-se envolver naquele abraço, para em seguida soltar-se, insatisfeito e irritado com a própria fraqueza.

Lenita sabia como lidar com os homens e mantê-los cativos; satisfazia todos os seus desejos, sem qualquer escrúpulo.

Só não conseguira ainda separá-lo da esposa. Mas, preferia manter oculto aquele relacionamento clandestino e dele tirar proveito.

Preso àquele conúbio, há seis anos, ele vivia entre as duas mulheres. Procurava se libertar da amante, mas não era fácil, Lenita era uma mulher muito perigosa.

A esposa, por enquanto de nada desconfiava, pensava ele.

Cumulava Lenita de presentes, satisfazendo suas exigências de concubina, quando esta o ameaçava contar a verdade à esposa.

O pobre homem vivia com os nervos em frangalhos, constantemente irritado. A consciência lhe cobrava uma reparação.

– Você não deve ligar em minha casa, Lenita – pediu-lhe nervoso.

– Ora! Não há outro meio de o encontrar!...

---

(*) "Penetre cada um de nós os recessos da própria alma, e, se consegue apresentar comportamento irrepreensível, no imediatismo da vida prática, ante os dias que correm, indague-se, com sinceridade, quanto às próprias tendências." – Emmanuel/F.C. Xavier, *Vida e Sexo*, FEB, 10ª edição, pág. 94.

– Foi Isis que atendeu seu recado... – reclamou temeroso.

– Ah! Meu querido, não diga? Então a "santinha" – dizia em tom debochado – estava lá?

– Lenita, por favor, não fale nestes termos, deixe-a longe de tudo isto! – suplicou, tentando preservar a esposa.

– Estou cansada de suas promessas... Quero o meu carro! – ameaçou exigente – senão... Você vai ver sua "santinha" onde irá parar!

Enon havia tomado algumas doses de *whisky* e com o temperamento alterado pelo álcool, deu-lhe um tapa no rosto, violentamente.

– Tome! É isto que você merece, sua...

Lenita não tolerava desaforos e atirou-se sobre ele como uma fera.

Os dois rolaram no chão, mas ela sempre levava a melhor porque, mesmo brigando, tinha total domínio de suas vontades e, com sua faceirice de mulher experiente, Enon cedia ao seu contato.

– Calma! Você terá seu carro – disse tentando obter uma trégua.

Com isto suas forças físicas e genésicas chegavam ao limite, os nervos desgastados e sensíveis iam minando sua saúde.

Lenita, fria e calculista, mancomunava-se com Espíritos igualmente atrasados, através de médiuns ignorantes e interesseiros.

Esta atitude infeliz atraía para ela uma aura escura, fruto de seus pensamentos maldosos e maliciosos.

De origem estrangeira, conhecera Enon, num hotel à beira-mar. Entre eles estabelecera-se, rapidamente, uma ligação.

No princípio, os encontros eram fortuitos. Aos poucos, ela foi ganhando sua confiança e o convenceu a comprar uma casa, em sua própria cidade, para facilitar sua convivência.

Bem instalada, a concubina vivia às expensas dele, mas nunca se contentava, sua ambição ia sempre além.

Enrodilhado cada dia mais nos devaneios sexuais com a estrangeira, cujo sotaque espanhol o irritava, não se sentia muito à vontade, mas ia levando aquele caso, sem vislumbrar uma saída.

Não desconfiava que sua esposa já estava a par de seu drama.

## *O ENCONTRO* *

Lúcia recebeu o irmão profundamente feliz, cheia de saudades, colocava-o a par dos acontecimentos mais importantes, enquanto desempacotava os presentes que ele trouxera.

Vendo um pacote maior, perguntou curiosa:

– Que embrulho é este Kemi?

– É uma surpresa para Isis. A propósito, como eles estão?

– Estavam bem, a última vez que os vi – disse dirigindo-se ao telefone. – Vamos avisá-los de sua volta?

– Agora não, minha querida, deixe-me descansar. Depois lhes falaremos...

A conversa dos irmãos continuou animada, até o marido de Lúcia voltar do trabalho.

Observando-os entretidos, Lúcia insistiu:

– Vou ligar para Isis, agora!

Jesiel atendeu o telefone e gritou:

---

(*) "Se meditarmos em assuntos elevados, na sabedoria, no dever, no sacrifício, nosso ser impregna-se, pouco a pouco, das qualidades de nosso pensamento." – Léon Denis, *O Problema do Ser, do Destino e da Dor,* FEB, 17ª edição, pág. 356.

– Mãe, é Lúcia! Kemi chegou!

Ela segurou o telefone, emocionada.

– Que surpresa agradável, Lúcia, iremos assim que Enon chegar.

Lúcia voltou-se para os dois, satisfeita:

– Pronto, está avisada!

Kemi pediu licença ao cunhado e foi para o quarto se banhar. Antes guardou, cuidadosamente, o presente de Isis.

Mãe e filho aguardavam impacientes o marido para visitarem o amigo recém-chegado.

Enon adentrou em casa tristonho, seu estado não era bom, notou a alegria da esposa.

– Onde vai tão animada?

– Esperávamos você para irmos à casa de Lúcia. Kemi chegou... e está nos aguardando...

– Ah!...

– Você não me parece muito bem, aconteceu alguma coisa? – indagou preocupada.

– Não... Kemi deve ter muito para nos contar.

Nesse ínterim, o telefone tocou e ele atendeu.

– Pronto!

Seu semblante tornou-se sério, respondia por monossílabos. Deixou o telefone no gancho, nervoso. E, voltou-se para Isis:

– Não vai dar... Apareceu um compromisso agora.

– Não tem importância, Enon, nós o aguardaremos – disse calmamente.

Mas, ele descontrolado, os nervos à flor da pele, quase gritou:

– Vão vocês, depois eu irei!

Vendo-o assim, tão nervoso, quis acalmá-lo:

– Não é necessário irmos hoje, depois iremos todos juntos! – refletiu, procurando a melhor solução.

"Não estarei faltando com o meu dever? A caridade começa dentro do lar..." – pensou.

– Vou preparar uma refeição.

E, encaminhou-se para a cozinha.

Enon jogou a maleta no sofá, uma ruga de preocupação na testa. A atitude pacífica da esposa, surpreendera-o.

Adiariam a visita.

Ela desconfiava do telefonema, mas calou-se.

## *O VALOR DA PRECE* *

Poderia recompensá-lo com seu carinho e atenção.

Voltou da cozinha, aproximou-se dele, venceu a barreira e meigamente tentou distraí-lo. Assentou-se a seu lado como há muito não o fazia e orou em pensamento.

"Meu Deus, auxilie o meu marido enfermo e necessitado, que eu consiga amenizar seus padecimentos..."

O apelo sincero atraiu uma entidade luminosa.

Sob aquela ascendência moral ele se relaxou, desabotoou a camisa e deitou a cabeça sobre os joelhos dela.

---

(*) "Em todos os casos de obsessão, a prece é o mais poderoso auxiliar de quem haja de atuar sobre o Espírito obsessor." – Allan Kardec, *O Evangelho S. o Espiritismo*, FEB, 107ª edição, pág. 432.

O clima, dentro do lar, tornou-se ameno.

Enquanto ela penteava os cabelos dele com os dedos, continuava em prece. A pausa foi suficiente para restaurar seu equilíbrio.

Isis conhecendo a nova infidelidade do esposo, intuitivamente começou a modificar seu modo de agir.

O certo era que ela não desejava uma separação entre eles, e redobrava sua vigilância dentro do lar, procurando cercá-lo de mais atenção e cuidados.

Ele estava pálido e nervoso, agindo pressionado por algo que o aniquilava dia a dia.

Rogava a seus protetores para agir coerente com os ensinamentos cristãos.

Um perigo os ameaçava. Não sabia explicar-se, mas sua intuição a advertia... talvez fosse a curva perigosa do seu destino que se aproximava.

Era um momento decisivo aquele, deveria lutar pela harmonia de sua vida conjugal.

A vida dúbia do marido o desgastava totalmente, tornava-se um joguete do sexo e da luxúria. Além de doente, endividara-se, gastando além de suas posses.

Ao contrário de Lenita, a esposa o ajudava com seu parco salário de professora, economizando o máximo possível. Ele temia que sua ligação extraconjugal fosse descoberta, pois, as ameaças da amante tinham como alvo o seu casamento.

O destino, porém, já tecia o desfecho da constrangedora situação.

Isis aguardava o desenrolar dos fatos, com prudência e sabedoria, certa de que nada estava acontecendo à revelia do Pai.

Amava o esposo fraternalmente, sem o ridículo sentimento

de posse, diferente das mulheres que se julgam donas dos maridos e vivem a reclamar seus direitos.

Traída, não competia com a outra, recuava.

O marido afinal lhe dera o lar e um filho.

Julgava-se também, uma traidora, com o coração preso a Kemi.

Culpava-se mesmo sabendo que jamais teria coragem de macular os sagrados laços do matrimônio. Mas, não encontrava forças para superar a grande atração magnética que sentia por ele e compreendia a atitude do esposo.

Compadecia-se da situação de ambos.

Sem cobranças, agia diplomaticamente naquele delicado problema.

Nos refolhos de sua alma, guardava a certeza das culpas pretéritas, procurando se redimir dos sofrimentos de que fora causadora.

Sob o influxo daquela ternura, Enon asserenou. As nuvens de contrariedade foram se dissolvendo ao toque de seus dedos.

Isis, naquele momento, doara-lhe um passe magnético auxiliada pela entidade iluminada.

Seu lar conquistara esse auxílio graças ao culto cristão que mantinha, semanalmente.

Meia hora transcorreu.

O marido, menos acabrunhado, resolveu saudar o amigo recém-chegado, adiando o inesperado encontro.

# *Segunda Parte*

# *UMA PAUSA* *

A vida cobra caro os desvios de outrora e o Espírito retorna junto àqueles que prejudicou para o devido ajuste.

O Espírito só progride se saldar as dívidas anteriores.

Esta é a Lei.

Recuemos, portanto, à segunda metade do Século XIX, ou melhor aos relatos da PENÚLTIMA encarnação de Isis e Kemi e alguns dos personagens desta estória.

## SÉCULO XIX (2ª metade)

1872.

Paris borbulhava.

As artes desabrochavam na música, na literatura, nas invenções científicas e descobertas de subido valor para a humanidade.

Principalmente na pintura, um certo frenesi contagiava, marcando sobremaneira este período.

Vários pintores desceram ao palco terreno, para com sua arte enfeitarem os museus com seu colorido e extravagâncias.

---

(*) "No espaço, os Espíritos formam grupos ou famílias entrelaçados pela afeição, pela simpatia e pela semelhança das inclinações. Ditosos por se encontrarem juntos, esses Espíritos se buscam uns aos outros." – Allan Kardec, *O Evangelho Segundo o Espiritismo*, FEB, 107ª edição, pág. 90.

"A sucessão das existências apresenta-se-nos, pois, como uma obra de capitalização e aperfeiçoamento." – Léon Denis, *O Problema do Ser do Destino e da Dor*, FEB, 17ª edição, pág. 287.

Foram os impressionistas o grande destaque na História da Arte.

O país passava por uma grande humilhação, devido à guerra Franco-Prussiana. Apesar das sérias crises sociais e políticas que o *grand-monde* atravessava, as idéias espiritualistas, acintosamente, influenciavam os gênios artísticos.

Allan Kardec, o Codificador, apesar de falecido, também era motivo de polêmica nos meios intelectuais e artísticos.

Diversos gênios da ciência ajudaram a alicerçar a Doutrina Espírita com suas experimentações. O Espiritismo ganhava credibilidade, embora seus opositores tentassem abafar a grande verdade.

Cientistas e pensadores famosos atestavam a veracidade dos fenômenos espíritas, como Gabriel Delanne, William Crookes, Camille Flammarion..., numa época em que a descrença tomava conta do pensamento humano.

Graças às publicações de Allan Kardec e outros escritores adeptos de seu pensamento filosófico, o mundo espiritual tomou consistência e sua influência beneficiou as artes em geral.

Os artistas plásticos bafejados pela espiritualidade, sentiram-se inclinados a criarem um gênero de pintura mais dinâmico. Voltados para a natureza, buscaram extravasar suas almas retratando o cotidiano como se quisessem dar vida a um momento frugal, eternizando-o em suas telas.

Entretanto, foi na capital das artes, a movimentada Paris, onde viveu o mais intenso clima do pensamento intelectual da segunda metade do Século XIX.

Vários gênios da pintura reencarnaram neste período, em diversos pontos do globo e trouxeram para a humanidade sua valiosa colaboração.

Dentre os pintores impressionistas, destacaram-se Renoir,

Manet, Van Gogh, Claude Monet, Toulouse-Lautrec e outros mais.

Seus nomes respeitados figuraram na História da Arte, enquanto valiosos talentos permaneceram no anonimato, embora tivessem igualmente contribuído com suas telas para a grande conjunta em 1874 (Sociedade Anônima dos Artistas, Pintores, Escultores e Gravadores), motivo de polêmica e longa repercussão nos meios culturais.

Lamentavelmente, nesta época, muitos museus e bibliotecas foram parcialmente destruídos e alguns desapareceram durante a guerra.

Reportemo-nos, entretanto, a alguns personagens que figuraram anonimamente na época dos impressionistas e depois reencarnaram no Brasil.

## O CASAL DORÉ

O casal Doré passeava com sua linda filha Perla, pela esfuziante Paris, rumo aos *boulevards,* onde pintores costumavam, aos domingos, pintarem suas telas, junto ao público transeunte.

Doré conduzia a bela esposa, de braços dados, passeando garbosamente com sua filhinha de quatro anos, segura em sua mão esquerda.

Distraídos observavam o público, cumprimentando algumas pessoas, pois tratava-se de Paul Doré, conhecido médico.

Ao passarem pelas campinas e por entre os transeuntes, Perla tropeça em um pedaço de madeira e fere o joelho. Vendo o sangue jorrar, manchando seu bonito vestido azul, assustada, põe-se a chorar.

O acidente da menina atraiu algumas pessoas.

Paul Doré deu-lhe os primeiros socorros, com um lenço,

estagnando o sangue, enquanto Anne-Marie, sua esposa, tentava acalmá-la, um tanto atemorizada com o inesperado episódio.

Paul carregou a filhinha para a sombra de uma árvore, em busca de um banco, enquanto sua esposa apanhava do chão as suas sombrinhas e sacolas caídas na relva.

Neste exato momento, alguém atentamente observava a cena. Atraído pelo choro da criança, aproximou-se também, e se inclinou para auxiliá-la a recolher seus pertences.

Foi quando seu olhar se cruzou ao de um homem claro e porte atlético. Ao pegar a sombrinha, a mão dele segurou a sua, fortemente.

Anne-Marie Doré estremeceu toda, um arrepio percorreu-lhe a espinha dorsal. O olhar daquele desconhecido penetrou-lhe na alma, fulminando-a. Por um momento, sentiu o tempo parar. Seu coração parecia saltar do peito.

Recobrou-se da emoção, agradeceu ao desconhecido e correu para a filhinha que ainda em prantos, soluçava no colo do pai.

– O que foi, querida, vistes um fantasma? Estais branca como a neve!!

– É o susto, Paul...

Voltou-se para a filha que ainda chorava e procurou acalmá-la.

Seu coração batia forte. Apavorada, olhou para trás e o homem continuava olhando-a, parado. Perturbada, apressou-se com o esposo, tomaram uma liteira e voltaram imediatamente a casa.

Depois deste episódio estranho e marcante, em abril de 1872, Anne-Marie nunca mais teve sossego. Buscava na natureza o refúgio para se acalmar e afastar do pensamento aquele olhar penetrante, que despertava em sua alma algo longínquo...

Instintivamente, voltou àquele lugar algumas vezes, na esperança de reencontrar os olhos que tanto a perturbaram.

## *O PINTOR* *

Determinado dia, passeava pelo parque, sozinha, quando viu, ao longe, alguém debruçado sobre um cavalete, pintando uma paisagem. Ali estava o objeto de sua procura.

Aproximou-se, vagarosamente.

Era Pierre Malpier, um pintor extravagante e boêmio, que vivia nos arrabaldes de Paris.

Permaneceu chumbada ao solo, olhando-o enquanto pintava.

Era muito estranho. Tinha a nítida sensação de que o Universo parara, naquele instante.

O pintor, instintivamente, captando sua presença, virou-se e sorriu.

– Gostas?

Recobrando-se do enlevo, respondeu-lhe:

– Adoro pintura!

– Nós já nos vimos... – disse ele, olhando-a longamente. – Como está tua filha?

– Perla está bem, obrigada.

Conversaram banalidades sobre o acidente daquele dia, em que se viram pela primeira vez.

A jovem senhora, impressionada, ficou horas entretida com o estranho, esquecendo-se de sua posição social e deveres.

---

(*) "386 – Podem dois seres, que se conheceram e estimaram, encontrar-se noutra existência corporal e reconhecer-se?"

"Reconhecer-se, não. Podem, porém, sentir-se atraídos um para o outro." – Allan Kardec, *O Livro dos Espíritos,* FEB, 74ª edição.

Profundamente atraída por ele, Anne-Marie deixou-se levar pela leviandade de um flerte passageiro, em moda na época.

A vida mundana e frívola de Paris facilitava sobremaneira os encontros extraconjugais, muito em voga, apesar dos mexericos.

Nos salões, tais assuntos já haviam se tornado corriqueiros, tidos como um modismo natural.

Desde este dia, Pierre e Anne passaram a se ver, mudando sempre o cenário de seus encontros.

O idílio entre ambos começou e se transformou em avassaladora paixão.

## *A PAIXÃO* *

Atraída pela excentricidade de Pierre, era sensível ao seu acintoso cortejo, deixando-se envolver no redemoinho das paixões que solapavam os lares e dizimavam as famílias mais tradicionais.

Entre os dois, nasceu uma atração tão forte e arrebatadora que ela, irresponsavelmente, tornou-se sua amante, descuidando-se do esposo e da filha de quatro anos.

Tudo fazia para estar com o pintor. Inventava as mentiras mais infantis para sair a seu encontro. Não se incomodava com os falatórios dos vizinhos e amigos do casal.

Paul Doré, entretanto, de nada desconfiava.

Ocupado com as obrigações sociais e médicas, percebia a mudança da companheira, mas não suspeitava ainda de uma traição generalizada.

Anne-Marie tentou levar a vida dúbia por alguns meses.

(*) "Quando o homem e a mulher se confiam um ao outro, pelos vínculos sexuais, essa rendição é tão absoluta que passam, praticamente, a viver numa simbiose de forças, qual se as duas almas habitassem num só corpo." – Emmanuel/F.C. Xavier, *Vida e Sexo*, FEB, 10ª edição, pág. 58.

Infelizmente, não conseguiu mais suportar o peso da pressão que Pierre fazia, para tê-la todos os dias.

Acabou, finalmente, abandonando o esposo e a filha, apenas com um bilhete, onde dizia que ia morar com uma velha amiga, pois não tinha a coragem suficiente para lhes dizer toda a verdade.

Suspeitando de uma traição conjugal, Paul Doré, ao ler o bilhete, adivinhou que por trás daquela atitude havia a presença de um outro homem.

Para a leviandade da esposa não havia perdão. Apuraria os fatos, primeiro, depois tomaria as devidas providências. O duelo seria fatal.

Anne-Marie levada pelo arrebatador envolvimento, jamais poderia imaginar o que sucederia após sua fuga impensada. Agia cegamente ao impulso da paixão que lhe custaria, doravante, um longo caminho de sofrimentos.

Ah! Se as pessoas tivessem a capacidade de vislumbrar o futuro, muitos erros poderiam ser evitados!

Necessário se faz o esquecimento temporário, para que as lições sejam repetidas e aproveitadas.

O desenvolvimento do aluno está, justamente, neste momentâneo esquecimento de uma existência a outra. Somente assim atestará seu grau de adiantamento moral, face aos erros cometidos outrora.

Os amantes fogem para Bordeaux, cidade natal de Pierre, onde possuía uma pequena casa, mistura de ateliê e bangalô, perto do cais.

Pierre era demasiadamente excêntrico e boêmio para proporcionar tranqüilidade a uma mulher. Anne-Marie jamais teria em sua companhia a vida segura e digna que Doré lhe ofereceu.

Acostumada ao luxo, começava a estranhar a vida difícil e incerta com Pierre. Mesmo assim, ela o preferia ao luxo de antes.

## *PERLA* *

Os fatos continuaram.

Paul Doré, apaixonado pela esposa, vendo-se abandonado de forma vil e traiçoeira, tornou-se neurastênico e cruel, desacreditando de tudo. Não se sentia encorajado a tomar qualquer atitude contra eles. Envergonhava-se daquela tragédia que havia, de repente, mudado o rumo de sua vida.

A pequena Perla, sem compreender o desaparecimento da mãe e o estado do pai, abandonada em mãos de empregadas, sofria a ausência do aconchego materno. Adoeceu. E num processo galopante de anorexia nervosa desencarnou prematuramente, alguns meses após a fuga da mãe.

A desolação e a revolta aniquilaram o desventurado Doré.

Ao tomar conhecimento da tragédia, Anne-Marie chorou desesperadamente, a perda de sua filhinha. Ficou prostrada por muitos meses.

Duplamente culpada, Anne não tinha paz. Os amantes levavam uma vida promíscua de bar em bar. Endividados, passavam por dificuldades seríssimas.

Em Bordeaux, sabem que as perseguições do esposo não cessavam. Paul Doré, completamente desequilibrado pela perda da filhinha queria, a qualquer custo, encontrá-los e vingar-se.

Anne-Marie temia um encontro entre Paul e Pierre.

---

(*) "Nunca é lícito o desprezo dos pais para com os filhos e vice-versa." – Emmanuel/F.C. Xavier, *Vida e Sexo,* FEB, Cap. 18.

# *OS AMANTES* *

Nestas circunstâncias infelizes, Anne-Marie engravida-se de Pierre. Desorientada com a inesperada gravidez, resolve abortar seu rebento para não complicar sua vida com o amante.

E, às escondidas dele, comete o infame delito.

Pierre desconhecia sua gravidez e o gesto impensado. Vendo-a pálida e acamada, pensou tratar-se de um mal-estar passageiro.

Este fato permaneceu oculto e Anne-Marie, mais uma vez, endividou-se com a Lei.

Viviam num cubículo, nas maiores privações materiais.

À noite, tomavam vinho quente até se embriagarem e comiam pedaços de queijo fresco para amenizarem a fome. Ficavam horas olhando o crepitar do fogo na lareira e entregues à sua paixão, totalmente embriagados; e ali mesmo adormeciam sobre um velho tapete.

Pierre Malpier entregue à sua arte, era auxiliado por um amigo, também pintor, que compadecido de sua situação, levava seus quadros para expor em Paris, e era com este pouco dinheiro que eles sobreviviam.

Pierre se inspirava no cais. Sentava-se à margem do Garona, onde passava horas e horas contemplando a natureza.

Amava Anne mas apreciava a solidão e a deixava sempre só, regressando ao lar muito tarde.

Havia dias em que ele não saía, permanecia entregue à sua pintura, retocando suas telas iniciadas em meio à natureza.

---

(*) "Tudo ao redor de nós, demonstra a inferioridade do planeta em que habitamos." – Léon Denis, *O Problema do Ser, do Destino e da Dor*, FEB, 17ª edição, pág. 293.

Para não despertar suspeitas, colocava em seus quadros um pseudônimo, pois temia ser localizado por Doré. O pseudônimo era mudado diversas vezes, para não levantar suspeitas.

Anne-Marie compreendia o gênio artístico de seu amante. Preenchia o vazio de sua vida com a leitura de autores como Dumas, Zolá, Victor Hugo e periódicos que lhes chegavam esporadicamente. Divertia-se em opinar sobre as telas de Pierre. Aprendeu com ele algumas técnicas de sua arte e juntos pintaram algumas telas, formando um concerto de cores a quatro mãos.

Quando Pierre se isolava, para expandir sua criatividade, ela desafogava suas mágoas escrevendo seus sentimentos num diário.

Por nove anos viveram assim, até Pierre adoecer, vítima de sua vida boêmia.

Sucumbiu em 1882 a uma tísica pulmonar, nos braços dela, a única mulher que ele amou de fato.

Anne-Marie Doré, envelhecida prematuramente, como Malpier, adoeceu.

Sua consciência a acusava constantemente pelo desenlace da filha e o aborto praticado.

Sozinha, sem ninguém para acudi-la, passava as noites gemendo em seu catre.

## *VICTORIEN, O AMIGO*

Um dia, Bernard, o amigo de Pierre que os ajudava na exposição de seus quadros, visitou Anne-Marie, acompanhado de Victorien, um amigo residente em Bordeaux, também pintor.

Vendo-a naquelas condições sub-humanas, compadecido deixou-lhe algum dinheiro e pediu ao amigo, Martin Victorien, para acompanhar a situação de Anne, pois ele cobriria as despesas necessárias para que nada lhe faltasse, nem remédios, nem alimentos, em consideração ao pintor falecido, cuja arte ele admirava.

Victorien conhecia de perto as dificuldades últimas do casal. Condoído da situação da doente e infeliz Anne-Marrie, passou a visitá-la mais amiúde.

O Espiritismo, com o desaparecimento de seu Codificador e graças ao seu grande exemplo, adquirira muitos adeptos. Dentre seus defensores estava Victorien.

Sua adesão ao Espiritismo se deu através de um convite da Sra. Amélie Boudet para assistir a uma conferência do gaulês Léon Denis.

Ficou encantado com o grande orador e escritor cujas palavras transformaram para sempre sua vida, sob a ótica espírita.

Victorien, sem perder tempo, transmitiu a Anne-Marie aquelas idéias esplêndidas e claras.

Solitária em seu leito de dor, trazendo a consciência turbada pelos deslizes, felizmente conheceu as Verdades Espirituais.

Dois anos se sucederam após a partida de Pierre.

Sem forças para continuar, o corpo minado, mas a mente lúcida, voltou-se para a religião e fez dos ensinamentos cristãos a apoteose de seus derradeiros dias.

Período em que o remorso e a solidão ralaram sua pobre alma no cadinho purificador do arrependimento.

A filha não mais existia... de Doré, nunca mais obtivera notícias... o feto arrancado violentamente de suas entranhas... o amante Pierre que lhe aparecia em sonhos... Seu coração temia e a alma sofria às investidas das trevas.

Somente na presença de Victorien encontrava lenitivo. Quando o amigo saía, tornava a ficar só com sua consciência.

Pierre vinha em sonho, seu Espírito não a consolava. Trazia-lhe muito desespero. Junto dele aparecia uma sombra que suspeitava ser o rebento abortado.

Agora, às vésperas da morte, ela o via como alguém que lhe destruíra o lar. Em seu delírio culpava-o e o evocava, naquela obsessão que os unira.

Victorien chegava, pontualmente no mesmo dia e na mesma hora, como um ritual. Sensibilizava-se com seu sofrimento. Conhecia sua paixão por Pierre, agora transformada em acusações. Alentava-a, incutindo em sua mente o perdão e o arrependimento.

## *O ESPIRITISMO* *

Precisava evangelizá-la, rapidamente, desconfiado de seu fim e temia vê-la partir, amaldiçoando a quem também sofria, em Espírito.

Suas condições no mundo espiritual seriam bem difíceis.

Os dois amantes não se desvinculariam facilmente do grave erro perante a Lei Divina.

Consciente que para ajudá-la seria necessário muito equilíbrio e oração, tomou para si a incumbência de esclarecê-la.

O fantasma da filha, prematuramente morta, atormentava-a: Ora aparecia-lhe linda, vestida de azul, ofertando-lhe flores como era seu costume, quando viva... Ora surgia-lhe magra e debilitada.

Anne-Marie tinha a sensação de que iria enlouquecer, quando sozinha.

Victorien era assinante da Revista *Le Spiritisme* e lhe passava os depoimentos dos Espíritos, que já partiram deste mundo. Aquelas histórias faziam-na meditar sobre sua existência

(*) "Sabemos que não há educação completa sem a dor." – Léon Denis, *O Problema do Ser, do Destino e da Dor*, FEB, 17ª edição, pág. 301.

e acabaram por convencê-la de que o rancor só dificultaria o seu progresso espiritual.

Graças ao esforço de Victorien, alguns meses antes dela partir, seu Espírito se encontrava mais calmo, compreendendo as Leis Divinas.

Na verdade, aquele amigo viera prepará-la para adentrar no além-túmulo menos revoltada.

Anne já não maldizia a violenta paixão por Pierre e rogava a Jesus que lhe proporcionasse outra oportunidade, para se redimir perante os que sofreram por ela.

Sensibilizado, com sua transformação, formou-se, entre eles um elo de amizade indestrutível.

Algo o atraía para ela.

Victorien, através do Consolador Prometido, abriu-lhe as portas da verdadeira vida e a oportunidade de reparar seus graves erros.

A ex-madame Doré é encontrada inânime.

Trazia em seu peito o volume de *O Evangelho Segundo o Espiritismo* e segurava, firmemente, uma velha caneta tinteiro. Na tentativa de registrar seu último pensamento, escreveu, num supremo esforço, entre borrões, para Victorien:

"Meu querido amigo Victorien, a ti, somente a ti devo minha compreensão. Ser-te-ei grata para sempre. Um dia estarei contigo... Deus te abençoe.

Anne-Marie"

Victorien recebeu com gratidão as palavras da morta. Cuidou dos funerais, e enterrou seu corpo ao lado de Pierre Malpier.

Teceu uma prece em benefício das duas almas, pois sabia que não seria fácil o reencontro deles em uma nova existência.

Depositou uma flor no túmulo, depois saiu vagarosamente.

Seu coração estava leve, havia cumprido o seu dever perante aquela desventurada mulher que ele aprendera a amar.

1884.

Estava escrito.

E... assim foi.

## *NOTÍCIAS DA ÚLTIMA ENCARNAÇÃO* *

Após esta encarnação em que os dois amante viveram na França, ambos reencarnaram, separadamente, ele, o atormentado artista Pierre, na cidade do Rio de Janeiro, no ano de 1905. Vivia só e sem família, buscando em sua arte condições para sobreviver. No entanto, não obteve o sucesso almejado e, desgostoso, enveredou-se pela bebida e retornou ao Mundo dos Espíritos antes de completar vinte anos.

Ela, Anne, reencarnou na cidade de São Paulo, como filha de uma costureira e com sua mãe aprendeu este ofício, costurando para as damas de alta classe.

Moça prendada e simples, não foi bem sucedida com o seu namorado. Abandonada, às vésperas do noivado, humilhada e desgostosa, adoeceu e desencarnou aos dezenove anos, no ano de 1917.

Nem Pierre e nem Anne-Marie encontraram a paz necessária.

De volta ao plano espiritual, seus espíritos se procuraram. Regidos pela lei da afinidade e do comprometimento moral do seu passado milenar, tornaram a se encontrar.

---

(*) "Cada uma das existências terrestres mais não é que um episódio da vida imortal. Alma nenhuma poderia em tão pouco tempo despir-se de todos os vícios, de todos os erros, de todos os apetites vulgares, que são outros tantos vestígios das suas vidas desaparecidas, outras tantas provas da sua origem." – Léon Denis, *O Problema do Ser, do Destino e da Dor*, FEB, 17ª edição, pág. 168.

Achavam-se endividados com Paul Doré, Perla e, ela, com o aborto cometido.

Precisariam obter o perdão das almas que tanto prejudicaram, para depois se unirem.

Buscavam a felicidade.

A felicidade lhes fugia.

Almejavam a união.

Viam-se, obrigatoriamente separados.

Isis e Kemi, as mesmas personagens irresponsáveis que figuraram no palco da existência como Anne-Marie Doré e Pierre Malpier, agora amargavam a sua desdita.

Ela detinha conhecimentos espirituais que a responsabilizavam pelas dívidas a seu redor, envolvendo o esposo, o filho, Kemi, Lúcia e outras pessoas a ela vinculada pelos laços afetivos.

## *O ENVOLVIMENTO* *

Kemi aguardava Isis, ansiosamente. Era impossível conter a emoção.

A amiga demorava.

Finalmente, a campainha tocou e os amigos entraram bem humorados.

Após os cumprimentos habituais, assentaram-se todos confortavelmente, na sala.

Enquanto conversavam, Lúcia chamou-a para prepararem um lanche.

---

(*) "De existência a existência, de lição em lição e de passo em passo, por séculos de séculos, na esfera animal, a individualidade, erguida à razão, surpreende em si mesma todo um mundo de impulsos genésicos por educar e ajustar às leis superiores que governam a vida." – Emmanuel/F.C. Xavier, *Vida e Sexo,* FEB, 10ª edição, pág. 102.

Isis sentia-se meio constrangida com a presença do esposo naquela casa. Ao sair, voltou-se para vê-los. A conversa entre eles era forçada e interrompida por pequenos silêncios.

Lúcia adivinhou seu pensamento e voltando-se para ela, disse:

– Carlos já vem animar aqueles dois, não se preocupe Isis... vamos preparar-lhes algo bem gostoso!

– Enon não está bem hoje. Imagine, deixou de atender um compromisso para vir encontrá-los!

– Kemi ficará apenas uma semana, por isso fiz questão que viessem logo, depois serão mais seis meses fora do país.

– Verdade, Lúcia, ele não veio para ficar?

– Não, minha querida, a empresa exigiu prorrogação...

– E ele está contente? – aventurou Isis, querendo saber detalhes.

– Ainda não conversamos. Kemi é muito calado... não é de reclamar.

Carlos, rapaz simples, entrou na sala, bem humorado, dizendo:

– Como está Enon? – voltando-se para Jesiel – e você, meu menino?... Como vão os estudos?

Kemi contava sobre a Alemanha e suas dificuldades iniciais.

Instantes depois, Lúcia os interrompeu:

– Venham! Vamos comer uns biscoitos e tomarmos um cafezinho...

– Isto é ótimo. Venham! – Carlos reforçou a idéia da esposa.

Todos se assentaram comodamente à mesa.

Kemi mudou o rumo da conversa. Observando a irmã, disse:

– Estou feliz em ganhar um sobrinho... certamente não estarei aqui em seu nascimento, o que será uma pena!

– Não se preocupe, Kemi, trataremos de avisá-lo imediatamente.

– Espero que seja um menino – disse Carlos, entusiasmado.

– A propósito, amanhã farei uma ultra-sonografia para saber o sexo do bebê e você voltará informado do futuro sobrinho ou sobrinha, não é mesmo Carlos? – falou a irmã, dirigindo-se ao mesmo tempo aos dois.

O casal era muito simpático e os deixava muito à vontade.

Kemi e Isis disfarçavam todo o tempo, suas emoções. Olhavam-se sorrateiramente.

Ansiavam por falarem a sós...

Terminaram a pequena refeição e retornaram à sala, enquanto as duas mulheres retiravam a louça.

Carlos envolveu Enon numa interessante conversa e Kemi permaneceu com elas. Aproximou-se de Isis, auxiliando-a a retirar as xícaras.

– Estava com muitas saudades... – disse em tom baixo.

– Eu também senti muita saudade de você, consola-me saber que está bem.

– Tenho pouco tempo, regressarei terça-feira próxima...

– Lúcia me falou, é lamentável!

– Tenho uma surpresa para você, Isis.

– Qual?

– Ainda não lhe mostrarei hoje. Volte amanhã. Preciso lhe falar sobre algo estranho que me aconteceu... Diga-me que virá!

Seu tom era súplice, emocionado.

Isis tremia, tentando manter-se serena.

– Está bem, Kemi eu virei sim, mas porque não me diz agora?

– Eu preciso de tempo, agora é impossível.

Sempre misterioso, Kemi, na verdade, queria estar a sós com ela, sem a presença incômoda de Enon. Satisfeito com a oportunidade, voltou à sala feliz, deixando-a curiosa.

– O que vocês dois estão sussurrando aí, Isis? Posso saber?

– Nada Lúcia, você sabe como seu irmão é cheio de mistérios...

Lúcia sorriu. Ela não desconfiava dos sentimentos do irmão.

Era tarde quando regressaram.

## *A SAUDADE* *

No dia seguinte, ela aguardava ansiosamente o momento de se falarem. Como haviam combinado, voltou à casa de Lúcia, sozinha.

A irmã fora ao médico e não demoraria. Isis, um tanto acanhada por se encontrarem a sós, quis voltar, mas Kemi reteve-a ansioso:

– Lúcia está prestes a chegar – informou, tranqüilizando-a.

– Não posso me demorar.

– Venha aqui, ao meu quarto, tenho algo para você.

– Pra mim? – perguntou feliz, acompanhando-o.

– É um presente para você.

Estendeu o tapete sobre o assoalho, enquanto observava sua

(*) "As almas que vibram uníssonas reconhecem-se e chamam-se através do espaço." – Léon Denis, *O Problema do Ser, do Destino e da Dor*, FEB, 17ª edição, pág. 113.

reação... O rosto dela parecia se modificar, à medida que fixava o objeto raro e belo.

Aos olhos dele, ela ia tomando uma forma mais trigueira e sedutora. Tinha a impressão de que suas roupas eram outras, seu cabelo trançado, solto pelas espáduas...

Ela não articulava palavra, mas os olhos embaciados fixavam aquele tapete.

Voltou-se lentamente para Kemi... Seus olhos se encontraram, irresistivelmente, como se ambos se procurassem há séculos, e somente agora se encontrassem.

## *A CURVA PERIGOSA* *

Aproximaram-se... devagar... os olhos fixos, as mãos trêmulas, o coração acelerado, nada mais importava, para eles, naquele momento... O tempo e tudo o mais deixara de existir.

Naquele instante único, mágico, abraçaram-se apaixonadamente, esquecidos de tudo e de todos.

Tinham a eternidade em suas mentes pois, entre eles nunca houvera separação de fato.

Era a primeira vez que o inevitável lhes acontecia... Era o que ela mais temia, não conter sua sede de estar com ele, nem que fosse uma única vez, para matar a saudade que dele sentia.

Mas... não deviam, a sua situação atual não lhes permitiam... deveriam enfrentar a realidade. Era preciso despertarem do perigoso enlevo.

Gostariam de continuar juntos, todavia, estavam certos de

---

(*) "Inegável que o Espiritismo é interessante e consolador; contudo, acima do interesse e da consolação, ele confere a responsabilidade do conhecimento espiritual, a cada um obrigando a responder pela elaboração dos ingredientes mentais que lhe patrocinarão a existência seguinte." – Alfredo Júlio Fernandes, *Seareiros de Volta*, Waldo Vieira, FEB, pág. 40.

que aquela seria a primeira, única e última vez que assim estariam. Depois não mais, até que tudo estivesse cumprido, como ordena a lei da consciência.

Isis foi a primeira a se soltar, empurrou-o com dificuldade.

– Não! Não devemos...

Perturbada, não queria acreditar no que lhes estava acontecendo.

– É muito tarde para recuar... – falou Kemi, atraindo-a para si novamente.

– Não... Não... – disse Isis, soltando-se de seus braços com energia.

Kemi soltou-a contrariado.

Isis voltou-se detidamente para o tapete, abaixou-se para examiná-lo mais de perto. Os dedos trêmulos tocavam os desenhos. As lágrimas molhavam o belo tapete.

– Kemi, por quê?

– Isis, eu a amo!

– Eu também o amo, Kemi!

– Vamos embora comigo!

– É impossível...

– Se você me ama, não é impossível!

– É impossível, Kemi, tenho um compromisso. Outrora, abandonei tudo para segui-lo, hoje, não posso. Devo ficar.

– Não se pode deixar o que é mais importante que a própria vida, Isis. O meu passado é o meu presente.

– Kemi, muito errei por amar você. Tenho a sensação que já estivemos juntos em situações semelhantes e não fui forte o suficiente. Devo ter abandonado tudo por você. Hoje minha consciência não me permite assim proceder. O Espiritismo tem me esclarecido dia-a-dia... A lei é mais dura ainda para aquele que a conhece e não a pratica. Chega de errar!

– Isis, preferiria que você não fosse espírita.

– Não diga isto Kemi, você me magoa. O Espiritismo é minha bússola!

– Perdoe-me, não quis ofendê-la, mas você fala de forma, que dificulta qualquer aproximação entre nós...

– Não sou livre e me culpo em pensar que estou aqui conversando com você, e ainda há alguns minutos, estava em seus braços, obedecendo a impulso momentâneo.

– Não se culpe por isto, Isis, não aconteceu nada.

– Para mim, sim, fui longe demais...

– Escute Isis o que tenho para lhe dizer...

Kemi narrou o acontecimento na feira, como adquiriu o tapete persa.

Isis ouvia-o, impressionada.

Recordou-se da possível vida pretérita de ambos.

– Lembra-se do que o Espírito nos disse, sobre nossa vida em Marrocos?

– Sim... Lembro-me, mas o que tem a ver? – perguntou-lhe Kemi, sem compreender.

– Omiti-lhe sobre o tapete, intencionalmente... Ele foi o vínculo marcante de nossa existência em Marrocos... Era a nossa principal atividade, naquela existência.

– Deveria ter me dito.

– Queria assegurar-me de que o Espírito houvera dito a verdade... Necessitava desta certeza!

– Agora a tem, o que mais quer?

Ele queria obter dela uma resposta mais precisa.

– Sim, agora eu sei... compreendo o porquê de não conseguir deixar de querê-lo tanto! – disse-lhe entre lágrimas, emocionada.

Comprometidos com o passado, deveriam reparar seus erros. Mas Kemi não se sentia suficientemente forte para recuar. Teria muito que lutar consigo mesmo.

Revoltava-se com o Espiritismo. O ciúme castigava-o. Não tinha o direito de lhe pedir nada. Mas, era impossível renunciar à mulher que lhe pertencia.

Kemi não suportava a idéia de saber-se amado e deixá-la com o marido, que agora passava a ver como um estorvo.

O clima era de tensão.

Ela sabia que aquele homem jovem e bonito marcava novamente seu destino. Queria fugir e não conseguia.

O coração falava mais forte que sua razão.

"Só mais um pouquinho..."

Exigia seu coração... "Depois, nunca mais o verei."

Apesar de ponderado, ele não conseguia manter o equilíbrio.

Ela o amava e correspondera a seu abraço.

Tinha uma chance, embora remota... Finalmente, não precisaria mais ocultar seus sentimentos.

Ela dissera que o amava. Não poderia estar mentido. Dar-lhe-ia tempo.

– Isis não precisa dizer nada agora, voltarei à Alemanha, dentro de três dias... É tempo suficiente para você decidir sobre nós dois.

Kemi segurava suas mãos, fitando-a. Seus olhos também estavam úmidos.

Isis olhava-o espantada, sem contudo, nada dizer... ele continuou:

– Não quero forçá-la a uma decisão apressada, espero-a aqui. Um dia antes da minha partida, voltaremos a falar sobre nós.

– Kemi estou confusa... Tenho medo.

– Estarei sempre com você. Agora não preciso mais esconder-lhe meus sentimentos, sou o homem mais ditoso...

## *A GRAVIDEZ DE LÚCIA* *

Um barulho lá fora interrompeu o colóquio dos dois enamorados. Era a irmã que chegava da rua.

– Posso entrar?

– Entre Lúcia, a porta está aberta...

A irmã, apesar de ingênua, percebeu a perturbação de ambos e preferiu nada dizer.

Seu irmão estaria apaixonado por Isis?

E Isis?

Lúcia olhou o belo tapete estendido ao chão e quebrou o embaraço, admirada:

– Então, é isto? – disse apontando para o assoalho – que você não quis me mostrar, Kemi?

– Sim, era.

– Mas, é lindo!

---

(*) "Lembrai-vos de que a cada pai e a cada mãe perguntará Deus: Que fizestes do filho confiado à vossa guarda?" – Allan Kardec, *O Evangelho Segundo o Espiritismo*, FEB, 107ª edição, pág. 240.

Como eles continuavam calados, ela tirou da bolsa um papel e lhes mostrou, falando sorridente:

– Trouxe o resultado... Adivinhem! É uma menina! Quero que sejam os padrinhos.

Isis saiu de seu enlevo e a abraçou, feliz.

– Sempre quis ter uma afilhadinha, Lúcia. Obrigada!

– Meus parabéns Lúcia! Já escolheu o nome? – perguntou-lhe o irmão.

– Ainda não, mas qual nome vocês sugerem?

– Seu eu tivesse tido uma menina, com certeza ela se chamaria Pérola.

– Que nome original, Isis, onde foi buscá-lo?

– Não sei... É um nome que trago na mente, gosto dele.

– Engraçado, Isis, é pouco comum... mas não me é estranho... – disse Kemi, pensativo. – Apesar de soar triste, é muito bonito.

Instintivamente, Isis passou a mão pela barriga de Lúcia e a criança se mexeu.

Todos riram.

Chegou em casa, emocionada, com todos aqueles acontecimentos.

À noite, não conseguia dormir.

Os pensamentos surgiam como uma torrente.

Como não pensar? Como esquecer Kemi?

Era inexplicável!

Fugir daquela situação? Temia não resistir...

Comprazia-se em pensar naquele abraço tão espontâneo e sincero mas culpava-se por ter cedido. Estava traindo seus compromissos conjugais. Conflitava-se. Enon era o marido mas, pelo coração, pertencia a outro.

Kemi não podia exigir dela uma posição diferente. Temia ofendê-lo, entretanto, não devia continuar se comprazendo com aquela situação que se tornava perigosa para ambos.

Tê-lo, também, era impossível!

Lembrou-se das palavras de Dório, quanto à curva perigosa.

"Estariam vivenciando a chamada curva do destino?"

Constrangida pelas circunstâncias, pesava sobre sua cabeça a espada de Dâmocles.

Refugiou-se na prece para acalmar seu Espírito conturbado.

## *O LIVRE-ARBÍTRIO* *

Kemi, também, não sabia como resolver aquele problema. Não havia ninguém para socorrê-lo. Órion, de longe, tudo observava.

Estirado no leito, mãos enlaçadas na nuca, olhava o teto do quarto.

A certeza de ser correspondido tornava-o ditoso.

Tudo faria para tê-la. A solidão o amargurava.

Conhecia as traições de Enon. Se Isis soubesse... tudo mudaria. Ela o deixaria. Ele seria como um pai para Jesiel. Iriam para outra cidade ou outro país. Começariam nova vida, conjecturava.

Mas, temia as reações de Enon. Era violento e poderia voltar-se cruelmente sobre os dois.

---

(*) "A liberdade é a condição necessária da alma humana que, sem ela, não poderia construir seu destino." – Léon Denis, *O Problema do Ser, do Destino e da Dor*, FEB, 17ª edição, pág. 342.

Era perigoso, deveria acautelar-se.

Como exigir que ela abandonasse o esposo? Teria este direito, baseado em quais circunstâncias?

Não estaria contribuindo para torná-la mais infeliz?

Tudo acontecera tão rápido, era preciso refletir. O trabalho na Alemanha não havia terminado, talvez levasse ainda seis meses. O melhor seria aguardar, pacientemente.

Isis esperou que ele partisse para a Alemanha e depois voltou à casa de Lúcia, curiosa por saber se ele comentara algo.

– Não me despedi de Kemi. Como ele estava?

– Partiu muito abatido, mas esperançoso de regressar breve.

Tal informação foi o bastante para ela compreender o seu estado d'alma.

– Ele não estará aqui, quando meu bebê nascer – lamentou-se Lúcia.

– Estarei com você, para ajudá-la no que for preciso.

– Eu sei, Isis, você para mim é mais que uma irmã – disse agradecida. – Mas Kemi é meu único irmão, já que mamãe não está mais aqui.

– Eu a compreendo, a mãe é um anjo insubstituível!

## *PÉROLA* *

O tempo passou e Lúcia ganhou uma linda menina.

Isis sentia-se meio avó, meio tia daquela menina que recebia, por força do destino, o nome de Pérola.

---

(*) "A Reencarnação é a volta da alma ou Espírito à vida corpórea, mas em outro corpo especialmente formado para ele e que nada tem de comum com o antigo." – Allan Kardec, *O Evangelho Segundo o Espiritismo*, FEB, 107ª edição, pág. 84.

Estava muito emocionada.

Aconchegou ao peito o pequenino ser, depois cuidadosamente a depositou nos braços da mãe para que a amamentasse.

Com o nascimento de Pérola, Isis ia regularmente à casa de Lúcia. A família enciumada, reclamava-lhe a presença.

Na verdade, Isis se afeiçoara tanto à afilhadinha que passava horas observando-a. Ora estudava o seu rostinho rosado ou ficava brincando com os seus dedinhos mimosos e só voltava a casa depois que ela adormecia.

Em casa, não se esquecia dela, um instante sequer. Pérola fazia agora parte de sua família.

À medida que o tempo passava, a figura angelical de Pérola substituía a imagem de Kemi, dantes inesquecível.

Ela se fortalecia, para enfrentar o amor impossível de sua vida. Atribuía esta força à distância que os separava. Não imaginava, contudo que tal vigor vinha do pequenino ser que alimentava o vazio de sua alma.

## *O INFARTO* *

Voltemos a Enon e sua ligação clandestina. A exigente mulher prosseguia, ameaçando tornar público o caso, se não ganhasse o carro prometido por ele.

Enon estava altamente endividado, a saúde seriamente comprometida! A pressão alta, o descontrole emocional ameaçavam um infarto iminente.

Certa tarde, em casa de Lenita, após acalorada discussão, ele sofreu uma crise aguda e foi levado às pressas ao hospital, por uma ambulância.

---

(*) "A mudança espera todas as criaturas nos caminhos do Universo, a fim de que a renovação nos aprimore." – Emmanuel/F.C. Xavier, *Vida e Sexo*, FEB, 10ª edição, pág. 43.

A ligação clandestina de Enon foi registrada por Isis e por outras pessoas. O fato escandalizou a sociedade.

A situação complicou e os credores surgiram insistentes.

Gravemente enfermo, teve que permanecer, por recomendação médica, completamente isolado.

Isis, mediante a delicada situação, desdobrou-se em cuidados. Aliou-se à prece e aos amigos, para que não faltasse a Enon a assistência espiritual.

Heroicamente, suportou os falatórios a respeito da casa suspeita em que seu esposo fora encontrado. Os credores batiam à porta insistentes.

Precisavam vender, com urgência, alguns bens e hipotecar a casa, para saldarem as dívidas mais prementes. Enon não podia ser aborrecido.

Lenita depois deste fato, não quis complicações, porque nada podia fazer e lamentava haver perdido tão bruscamente sua fonte de renda. Procurou novos amantes.

## *A TRANSFORMAÇÃO DE ENON* *

Isis, até então, desconhecia a gravíssima condição financeira do esposo. O homem atormentado perdera totalmente o controle de seus negócios.

Informada pelo contador da realidade, ela se dispôs a lecionar em sua própria casa, nas horas vagas, na tentativa de saldar as dívidas mais urgentes.

O sofrimento, entretanto, unia o casal.

Enon mostrava-se menos intolerante e tratava a companheira com mais respeito.

(*) "A dor segue todos os nossos passos; espreita-nos em todas as voltas do caminho." – Léon Denis, *O Problema do Ser, do Destino e da Dor*, FEB, 17ª edição, pág. 372.

Envergonhado de tudo que lhe acontecera, procurava, sinceramente, se redimir perante ela, e para agradá-la, lia seus livros espíritas que lhe ofereciam consolo e esperança. Começou a compreender a extensão de seus erros e o valor da religião que sua esposa abraçara.

Seu Espírito orgulhoso já não discordava de suas idéias e se mostrava reconhecido à atenção fraternal que seus amigos lhe dedicavam.

O problema financeiro agravara-se, os juros cresciam como uma bola de neve e os credores surgiam ameaçadores. Receosa, Isis procurava mantê-los distantes do esposo. Qualquer recaída seria fatal.

O trabalho contínuo e as preocupações tanto a envolveram que não se sentia motivada para ver Kemi ou mesmo sonhar. Sua vida mudara tanto que ele surgia agora como uma utopia, apesar da saudade... A grande realidade era reconquistar seu lar desventurado.

## *KEMI E PÉROLA* *

Kemi aguardava, ansioso, o momento de regressar a seu país e colocar seus planos em ação: conquistar a mulher de seus sonhos.

Comprazia-se em relembrar o abraço a que ela suavemente correspondera. Aquele gesto fora o suficiente para ter certeza de que um dia a teria. Enon não a merecia... nem podia fazê-la feliz, mantendo ligações clandestinas. Iludido, sonhava... longe de imaginar os conflitos que o casal enfrentava.

O jovem advogado foi informado dos acontecimentos e quis conhecer todos os detalhes, antes de encontrar os amigos. Não

(*) "Claramente verificáveis os fenômenos da hostilidade, entre adultos e crianças, trazidos pelo imperativo do berço à intimidade do dia-a-dia." – Emmanuel/F.C. Xavier, *Vida e Sexo*, FEB, Cap. 16.

esperava por aquela mudança tão radical que vinha alterar seus planos. Agora, tudo mudara e o rival estava completamente desarmado.

Mas as surpresas não ficaram só aí... seu encontro com a sobrinha foi algo terrível, um verdadeiro desastre: a menina deu uma enorme birra quando o viu, ficou completamente vermelha e estremecia a qualquer tentativa de aproximação. Tudo fez para agradá-la, mas em vão. A menina parecia ver um fantasma e ele preferiu afastar-se para não molestá-la.

Que pena! Uma criança tão meiga e calma irritar-se tanto! Lúcia, perplexa, tentou explicar ao irmão:

– Desculpe-a Kemi, não sei o que deu nela.

– Não tem importância. Com o tempo, ela se acostumará comigo.

– Ela nunca agiu assim, antes!

– Sou, para ela, apenas um estranho...

Os irmãos não deram importância ao fato.

A menina, entretanto, mostrava-se diferente em contato com Enon que apesar de sua dificuldade, tomava-a no colo e se distraía, esquecendo-se de sua doença.

À noite, Isis e Enon, receberam a inesperada visita dos amigos que vinham quebrar sua monotonia.

Isis disfarçou seu constrangimento, tomou Pérola dos braços da mãe, como se nela buscasse o refúgio. O calor de seu corpinho transmitiu-lhe uma agradável sensação. A criança parecia compreendê-la, agarrando-se fortemente à gola de sua blusa, enquanto mamava a chupeta.

Neste instante, Kemi aproximou-se da sobrinha para com ela brincar, mas a menina reagiu pior ainda que das outras vezes. Impressionada com o choro, Lúcia justificou:

– Ela está assim desde que Kemi chegou.

– Como está assustada! – exclamou Isis, estranhando e entregando-a à mãe para acalentá-la.

Pérola agarrou-se a Isis e não quis a mãe.

– Não entendo o porquê. Ela é dada com todos – disse Lúcia, desapontada e virando-se para a amiga:

– Vamos tirá-la daqui!

Aconchegando-a amorosamente, Isis levou-a a outra sala e na esperança de acalmá-la, conversava suavemente:

– Que é isso meu amor? Não faça assim com seu tio, estou aqui!

Bastou afastá-la da presença do tio para que ela se acalmasse.

O ambiente silenciou e todos ficaram mais à vontade. Isis voltou à sala para se desculpar:

– Desculpem-me, vou ficar com ela, um pouco.

E permaneceu com a afilhada, na outra sala, até ela adormecer.

Kemi magoado, embora não o demonstrasse, sonhava acalentar em seus braços a sobrinha. Sentia-se um intruso.

Olhou Enon, o homem jactancioso de outrora, teve pena e procurou conversar com ele para amenizar sua decepção:

– Como originou seu problema, Enon?

O amigo limitou-se a falar sobre as dores que sentia, omitindo-lhe os detalhes.

Kemi fora avisado com antecedência da gravidade do caso e que o amigo desconhecia os seus próprios problemas financeiros... Havia pouco a conversar.

A visita deles foi rápida e cortês.

Encabulado com a atitude da sobrinha e um tanto envergonhado de seus sentimentos em relação à esposa do amigo, voltou para casa triste e pensativo.

## *A INTERVENÇÃO DE KEMI* *

Compadeceu-se da situação delicada dos amigos e sabia que poderia ajudá-los. Informar-se-ia da realidade e, como advogado, haveria de influenciar os credores e também auxiliá-los financeiramente.

Precisava, contudo, de algumas informações que somente Isis lhe poderia fornecer. E, para tal, recorreu mais uma vez à irmã.

– Lúcia, gostaria de ajudar nossos amigos...

– É preciso fazer alguma coisa, sim. Você observou como Isis está abatida?

– Fiquei penalizado.

– Pobrezinha, tem trabalhado demais!

– Quero falar com ela a sós.

– Está bem Kemi, vou chamá-la, não será difícil.

– Disponho de meios para ajudá-los.

– Amanhã mesmo ela virá, aguarde. Você está certo!

Os irmãos gostavam dela como se fosse da família. Eram muito gratos à dedicação e carinho dispensados à falecida mãe.

No dia seguinte, desconhecendo as intenções de Kemi, Isis foi encontrar-se com Lúcia, preocupada com o estranho comportamento de Pérola.

Saiu de casa apressada. Seu tempo agora era reduzido.

---

(*) "Se, porém, o homem, ao quitar-se de um lado, endivida-se de outro, jamais poderá alcançar a sua libertação." – Allan Kardec, *O Evangelho Segundo o Espiritismo*, FEB, 107ª edição, pág. 106.

Tratava-se de uma casualidade, pois apesar de Kemi esperá-la, impaciente, Isis não pensou que o encontraria lá, naquele horário.

Ao chegar, foi logo perguntando por Pérola:

– Ela dormiu bem à noite?

– Seu sono foi meio agitado, mas dei-lhe um calmante... – respondeu Lúcia.

– Onde está ela, agora?

– Dormindo...

Kemi entrou.

Lúcia avisou ao irmão:

– Isis chegou – e dirigindo-se à amiga, disse:

– Ia chamá-la para vir mesmo... você adivinhou meu pensamento porque Kemi tem algo muito importante para lhe dizer!

Isis olhou-o sem compreender. Lúcia continuou:

– Vou deixá-los conversando à vontade...

Ela retirou-se em busca de algo para fazer.

Depois daquele abraço, era a primeira vez em que se viam a sós. Apesar de emocionado, ele procurou ser objetivo.

– Isis, desculpe-me, mas é sério o que tenho a lhe falar...

Ambos estavam nervosos.

– O que foi Kemi?

– Fui informado dos negócios de seu marido e quero ajudá-los.

– Fico-lhe grata.

– Preciso saber da real situação de vocês.

– Estou conseguindo, por enquanto, manter Enon longe de tudo. Como você viu, sua saúde corre perigo.

– É claro, já percebi. Lúcia já me havia dito. Como advogado e amigo, posso amenizar a parte financeira.

Aquela sincera demonstração de amizade, de certo modo, a confortou e acalmou seus anseios.

– Vocês dispõem de algum recurso? – indagou como profissional.

– Não, vendemos o carro e alguns terrenos, resta-nos a casa que está hipotecada...

– Compreendo... Não lhes resta nada mais?

Isis relatou-lhe, detalhadamente, a trajetória dos negócios escusos de Enon, até o infarto acontecido na casa da amante.

– Enon desconhece a gravidade da situação. Se há outras coisas, Kemi, não sei, mas acredito que Dr. Sérgio, nosso advogado, esteja a par de tudo.

– Amanhã mesmo procurarei Sérgio...

– Conto apenas com o recurso do meu trabalho... acredito que Enon não voltará tão cedo a trabalhar... – disse Isis, preocupada com a remuneração dos serviços do amigo.

Kemi, adivinhando seus pensamentos, perguntou contrariado:

– Por que está me dizendo isto?

– Porque tudo tem um preço.

– Mas ninguém falou em preço!

– Eu sei, Kemi, mas isto me preocupa, não posso recorrer a Enon, seu estado requer cuidados...

– Ele de nada saberá... Fique tranqüila... Agiremos de forma que ele não desconfie. Sérgio é meu amigo.

– Você não compreendeu Kemi?

– O que?

– Não tenho recursos!

– Não se preocupe com dinheiro, resolverei este problema! Deixe comigo!

– Não tenho como saldar as dívidas, mal tenho para custear o tratamento dele – explicou Isis, quase em lágrimas.

– Confie em mim, Isis! – suplicou, compadecido dela.

– Não sei como agradecer-lhe, Kemi! Mas confio em você.

– Isis, por você eu farei qualquer coisa! – exclamou, olhando-a profundamente.

Ela enrubesceu com seu modo carinhoso de falar e olhá-la. Desviou seu olhar, para não deixá-lo perceber a emoção que sentia com seu interesse espontâneo. Somente o fato dele estender-lhe a mão já amenizava suas provações.

Entretanto em casa mais animada, observou, carinhosamente, o esposo repousando na poltrona. Gostaria de compartilhar sua alegria com ele, mas silenciou.

Cansada, recostou-se na poltrona, pensativa. Foi assim que Amélia a encontrou.

– Amélia, seja bem vinda! – exclamou feliz, ao ver a amiga.

– Venho trazer-lhe notícias de meu irmão. Brevemente, estará conosco.

– Que bom! Sinto falta de nossas reuniões. Pretendo voltar às atividades quando Enon melhorar... – Isis referia-se ao Centro Espírita, que, desde a doença do marido, não pudera mais freqüentar.

– Não se preocupe, minha querida, seu trabalho é divino. É a caridade do lar, seu marido necessita de você agora como nunca.

– Eu sei, por isto não saio mais de casa, a não ser para o trabalho. Sua melhora é lenta. Sinceramente, Amélia, receio que ele não volte ao normal... – falou, abaixando o tom de voz.

– Para Deus nada é impossível, Isis, confie.

Amélia falou com tamanha confiança que ela se viu contagiada por seu otimismo.

– Que seria da minha vida sem você!

– Em tudo existe a sabedoria de Deus.

– Lembra-se, Amélia, de Kemi, aquele meu amigo advogado?

– Claro, Isis!

– Ele regressou da Alemanha e vai nos ajudar, advogando nossa causa.

– Ótimo!

– Dório disse quando chegará?

– Creio que no próximo sábado.

– Sabe, Amélia, ainda me pergunto sobre aquela curva perigosa que eu iria atravessar e da qual o Espírito me alertou. Lembra-se?

– Sim, lembro-me...

– Pergunto se não a estaria atravessando agora, com tantas dificuldades: Sinto-me a percorrer um labirinto sem fim, do qual não vejo a saída.

– Talvez seja... mas aguardemos o futuro – Amélia respondeu-lhe não muito convincente. Ia continuar o assunto, mas Enon acordou e as duas mulheres correram até ele.

Kemi, no mesmo dia, procurou o colega para saber o montante das dívidas de Enon. Assustado com o volume das contas, pensou consigo mesmo: "Ela jamais conseguirá saldar dívida tão grande, só com o salário de professora, mesmo dobrando turnos e dando aulas particulares..."

– É impossível cobrir juros tão altos! – afirmou ao colega.

– Realmente, Kemi, é sério...

– Deixe este caso comigo, Sérgio, vou negociá-lo!

– Por que tanto interesse, Kemi? É uma causa perdida!

– São meus amigos e, em absoluto, não permitirei que passem por tamanha privação!

– Se você quer, tudo bem, eu lhe passo a procuração mas os credores querem uma solução imediata.

– Eles a terão.

O colega impressionado com a decisão, considerou o amigo meio maluco. Passou-lhe o processo, satisfeito, livrando-se daquela causa, para ele insolúvel.

Revoltado com a irresponsabilidade de Enon, sua admiração crescia em relação a ela. Fez um balanço em suas finanças e decidiu pagar a dívida. Pagaria aos credores e salvaria os amigos. Era o mínimo que podia fazer por quem tanto amava.

Livraria Isis de tanto sacrifício. Faria qualquer coisa para vê-la feliz e despreocupada.

Senhor da situação, com todos os documentos em mãos, Kemi, no fundo de sua alma, acalentava o firme propósito de que, um dia, aquela mulher a quem amava ainda lhe pertenceria.

## *OS TAPETES E AS DÍVIDAS* *

Cansada de tanta labuta, Isis esquecera-se de seus tapetes guardados. Ao arrumar os armários, ficou surpresa ao encontrá-los. Observou seu trabalho e teve uma idéia: Poderia vendê-los e saldar um pouco das dívidas.

Satisfeita, chamou Beatriz.

(*) "Toda ocupação útil é trabalho." – Allan Kardec, *O Livro dos Espíritos*, FEB, 74ª edição, pág. 328.

Sua voz, melodiosa e alegre, atraiu a atenção do filho que se encontrava ali por perto.

– Que foi mamãe?

Os dois correram até ela.

– Olhem estes tapetes! E estendeu-os sobre a cama e o assoalho.

– Que coisa linda D. Isis! Quem os fez?

– Fui eu Beatriz! Será que têm valor?

– Como não D. Isis, são tapetes lindos, muito bem trabalhados. Eu não sabia que a senhora tinha este dom!

– Eu sabia que mamãe bordava... – disse Jesiel admirado – mas não sabia que eram tantos assim!

– Vamos ver a opinião de seu pai...

Levaram alguns tapetes para ele opinar, e ele elogiou as peças artísticas.

– São meus trabalhos noturnos, Enon.

– Estão muito bonitos.

– Será que conseguirei vendê-los?

– Como não, Isis, é um trabalho todo artesanal... – e intrigado perguntou:

– Mas por que vendê-los?

Desconcertados, os três se entreolharam e Beatriz, com sua presença de espírito desculpou-se:

– Para as obras de caridade, não é D. Isis?

– Então o seu valor é maior, ainda – disse Enon, lentamente, arrastando as palavras.

– Amanhã mesmo vou cuidar disto.

Animada com a idéia alvissareira de conseguir algum dinheiro, enquanto levavam os tapetes para o quarto, falou para Beatriz:

– Bordarei mais alguns para aumentar a coleção.

A moça ofereceu-se para ajudá-la.

– Posso bordar, à noite, ou depois do serviço...

– Precisamos de mais alguém...

– Mamãe também poderá ajudá-la.

– É mesmo, Beatriz, sua mãe sabe bordar!... Naquele dia, ela demonstrou suas habilidades.

– Ela ficará feliz em colaborar com a senhora, tenho certeza!

– Se ela dispõe de tempo e saúde, vamos aproveitar. Precisamos aumentar o estoque para fazermos uma exposição ou, quem sabe, um leilão!

A alegria reinava no ambiente.

"Obrigada, meu Deus! Jamais pensei que meus tapetes me seriam tão úteis! Eles são as testemunhas silenciosas de minha vida!"

Convidada a bordar, a mãe de Beatriz prontificou-se em ajudar.

– Seu trabalho será remunerado – explicou-lhe Isis.

– Não é necessário, fa-lo-ei com prazer, D. Isis. Sou-lhe grata pela ajuda que me deu, quando estive doente.

– De maneira alguma. A senhora receberá uma percentagem na venda dos tapetes.

A proposta do trabalho animou a pobre senhora que vivia da lavação de roupas. Bordaria nos horários vagos.

As três mulheres começaram, com determinação, a nova atividade. Não tinham tempo a perder.

Pérola entrou no carrinho empurrado pela mãe. Vinha visitar a madrinha, cheia de gracinhas, encantando a todos.

Sua presença tudo mudava. Até mesmo Enon saía de seu marasmo e com dificuldade tomava-a no colo e, distraído, brincava com ela.

As duas amigas deixaram-na com ele e se afastaram para conversarem a sós.

– Lúcia, felizmente, encontramos solução para os nossos problemas.

– Como Isis?

– Já lhe conto, sente-se aqui. Há muito, faço tapetes mais por deleite, como um *hobby*.

– Lembro-me, você já se referiu a eles, uma vez... Mas e daí?

– Decidi vendê-los!

– Mas, são tantos assim? – perguntou-lhe curiosa, pois sabia, pelo irmão, da enorme dívida acumulada.

– Tenho uns quinze prontos. Beatriz e sua mãe estão me ajudando, para aumentarmos a coleção.

– Ah! Quero ver estas preciosidades!

– Venha!

Lúcia possuía refinado gosto e, ao vê-los, murmurou encantada:

– São lindos, Isis!

– Você tem idéia de quanto custa um deles, Lúcia?

– Não, não tenho, mas posso avaliar com uma amiga que trabalha com tapetes.

– Faça isto por mim, você sabe... meu tempo é pouco e os juros não esperam...

– Deixe comigo!

– Temos que guardar sigilo... Enon não sabe que se destinam ao pagamento das dívidas. Ele julga ser para as obras de caridade.

– Compreendo...

– E Kemi, como está? As coisas melhoraram entre ele e Pérola?

– Ele trabalha muito, fala pouco. Fica triste com a rejeição dela. Tento disfarçar... mas piora, a cada dia que passa.

– É estranho seu comportamento! Já pensou em procurar alguém, um psiquiatra, talvez?

– Estive pensando, mas ele prefere mudar-se para um apartamento.

– É uma pena!

– Não gostaria que meu irmão mudasse, mas é preferível. Pérola chora quando o vê, não se alimenta. Hoje mesmo durante o almoço foi um fiasco.

Isis ouvia-a atentamente.

– Não sei o que fazer... é apenas um bebê. É como se ela sentisse aversão por ele!

– Muito estranha a atitude de Pérola.

Lembrou-se de seu amigo e continuou:

– Ah! Talvez tenha uma solução. Dório, o irmão de Amélia, está para chegar... Poderíamos tentar um tratamento espiritual, quem sabe surtirá efeito?

– Oh, Isis, faça isto, por favor!

– É claro, Lúcia, faremos o possível!

– Não sei mais como agir!

– Sossegue, Deus vai nos inspirar! – disse confiante.

## *O ESCLARECIMENTO* *

Dório chegou. Isis, mesmo atarefada, foi ao encontro do precioso amigo.

Conversaram sobre vários assuntos. Sem entrar em detalhes, marcaram a sessão para domingo. Isis levaria Pérola e Lúcia.

Além delas, estavam reunidas outras pessoas, em casa de Amélia.

Pérola dormia calmamente, no colo de sua madrinha.

Após alguns instantes de concentração, o Espírito comunicou:

– Encontra-se alguém aqui com o nome de Perla?...

– Sim, temos uma criança com nome parecido. – respondeu Isis.

– Muito bem, aproximem a criança...

Isis aproximou-se com Pérola.

– Esta menina necessita de muitos cuidados. Sua estrutura orgânica é frágil. Seu Espírito não deve ser abalado. A senhora como mãe, deve afastá-la do convívio de alguém cuja presença lhe causa repulsa. A criança guarda uma mágoa profunda desta criatura. Alertamos para que sua saúde não seja abalada.

– Desculpe-me, mas eu não sou a mãe dela, sua mãe se encontra ali assentada – explicou Isis ao Espírito. – Mas, gostaríamos que nos fizesse compreender melhor o porquê desta mágoa.

– A irmã não é sua mãe, mas o foi em vidas passadas, e, assim a vemos.

O Espírito continuou:

---

(*) "A perturbação que o ato da encarnação produz no Espírito não cessa de súbito, por ocasião do nascimento. Só gradualmente se dissipa, com o desenvolvimento dos órgãos." – Allan Kardec, *O Livro dos Espíritos,* FEB, 74ª edição, pág. 210.

– Alguém muito especial está presente aqui e deseja conversar com a irmã, em outra ocasião. Trata-se de um amigo de outras vidas, Victorien... que lhe comunica: " – Tomem precaução com a saúde da menina pois ela não tem condições, por enquanto, de suportar a presença do tio que a ama muito. Assim que ultrapassar os sete anos de idade, sua reminiscência espiritual será apagada. Ainda terá dificuldade mas, com o tempo esta antipatia irá desaparecendo. Por enquanto, não a forcem. É apenas uma criança em formação e a presença do tio lhe é muito dolorosa, devido a um episódio que lhes aconteceu em vidas passadas."

– Quem é Victorien? Este nome não me parece estranho!

– É alguém que a ajudou no pretérito e hoje se encontra a seu lado. É tudo que podemos adiantar...

Depois de uma pausa, recomendou:

– Não se esqueça, a menina precisa de passes e água fluida!

– Desculpe-me, mas desejo saber sobre a saúde de meu esposo.

– Paciência, confie em Jesus. Necessita de cuidados para superar a difícil travessia. A irmã contraiu com ele um grande débito e agora tem a grande oportunidade de saldá-lo. Dê-lhe amor e carinho e não se arrependerá.

– Obrigada...

## *NOTÍCIAS DE VICTORIEN* *

Era a primeira vez que Lúcia assistira a uma reunião de psicofonia e a sós com a amiga, perguntou admirada:

– Foi incrível! Como pode ele saber tanto sobre nós?

---

(*) "Os médiuns devem recorrer à proteção desses amigos invisíveis, quase sempre membros adiantados de nossa família espiritual, com quem outrora vivemos neste mundo." – Léon Denis, *No Invisível*, FEB, 11ª edição, pág. 65.

– Para o mundo espiritual, Lúcia, nós somos um livro aberto.

– Segundo ele, você foi mãe dela, em outra vida?

– Talvez tenha sido mesmo e o nome dela era Perla!...

– Acho estranho. É muito envolvente conhecer o passado.

– Não é muito salutar, Lúcia, porque é perigoso.

– Então por que ele fala do passado?

– É o tipo de comunicação... O Espírito vê além desta vida e situa os problemas atuais como se fossem uma seqüência, entende?

– Mais ou menos...

– Por exemplo, nosso presente é o reflexo de nossa semeadura em outras existências... E assim por diante, tudo tem uma razão de ser.

– Você comentou com ele alguma coisa sobre ela rejeitar meu irmão?

– Não comentei nada com o médium e fiquei surpresa por ele ir direto ao problema!

– Ele deveria ter explicado melhor os detalhes, não sabemos o porquê – reclamava Lúcia inconformada.

– Acho que os Espíritos só falam o que nos convêm, o resto eles guardam para si mesmos.

– Pobre Kemi, ele já se sente constrangido com ela, não quero melindrá-lo. Tudo quanto o Espírito disse é verdade. Pérola fica intratável na presença dele. Só consigo alimentá-la quando ele sai.

– As coisas estão neste ponto? – perguntou Isis, desconhecendo os pormenores.

– Piorou muito, por isto, o Espírito recomendou cuidado com a saúde dela.

– E tomar passes e água fluida – lembrou-lhe Isis. – Esta impressão negativa que ela guarda de Kemi irá desaparecendo devagar, tenho certeza Lúcia! São coisas do passado...

– Mas, por que somente depois dos sete anos de idade?

– É quando a criança completa a sua reencarnação e esquece seu pretérito.

– Quem é este Victorien?

– Não tenho a menor idéia, mas sinto ser alguém que me acompanha, apesar de não tê-lo visto...

Pensativa, continuou:

– Só hoje soube o seu nome, Victorien...

– Segundo o Espírito, ele vai falar com você em outra ocasião.

– Tomara mesmo! Aguardemos!

Isis, à noite em seu quarto, pensava:

"Victorien... Victorien... Quem será você? Onde estiver, meu bom amigo, Deus o abençoe. Sou-lhe muito grata!"

Procurou relembrar onde ouvira aquele nome e por mais que tentasse não o conseguia. Depois, adormeceu tranqüilamente.

No entanto, aquela conversa fez com que Lúcia mudasse totalmente os hábitos da filha. Aceitou a sugestão do Espírito e procurou mantê-la longe do tio, ocultando-lhe a realidade.

Agia sutilmente. Deixava-a em seu quarto até Kemi sair para o trabalho, ou pedia à babá para dar uma voltinha com a menina, evitando o encontro dos dois.

Kemi percebeu esta mudança. Sua estada em casa da irmã limitava-se ao café da manhã e, à noite, quando voltava para dormir.

## *A EXPOSIÇÃO* *

Marcou-se a data da exposição dos tapetes. As mulheres trabalhavam com afinco para o evento.

Conseguiram o melhor clube da cidade e convidaram muitas pessoas. Alguns colegas de trabalho ajudaram na propaganda. Tudo contribuía para que a exposição fosse um sucesso. Ofereceriam um coquetel aos convidados.

Kemi havia quitado todas as dívidas do casal sem que ninguém o soubesse. Vendo-a entusiasmada com a exposição dos tapetes, calou-se, aguardando ocasião propícia para lhe falar.

Chegou enfim o esperado dia da exposição.

Os tapetes, graciosamente expostos, eram o ponto alto da reunião.

Decidiram pelo leilão. Seria mais rendoso e aumentaria a expectativa.

Isis não cabia em si de contente.

Acorreram pessoas de vários lugares para a mostra de arte.

– Que beleza de tapetes!

Os comentários eram os melhores possíveis. O fundo musical tornava o ambiente descontraído.

## *O COLÓQUIO* **

Kemi que a observava ao longe, aproximou-se dizendo:

– Está sendo um verdadeiro sucesso, Isis.

---

(*) "... O Espírito tem consciência de seus atos anteriores; mas sabe por que sofre e que sofre com justiça." – Allan Kardec, *O Evangelho Segundo o Espiritismo,* FEB, 107ª edição, pág. 105.

(**) "Freqüentemente, o Espírito renasce no mesmo meio em que já viveu, estabelecendo de novo relações com as mesmas pessoas, a fim de reparar o mal que lhes haja feito." – Allan Kardec, *O Evangelho Segundo o Espiritismo,* FEB, 107ª edição, pág. 104.

– Obrigada Kemi, devo tudo a vocês.

– O mérito é todo seu, esteja orgulhosa de seu trabalho. É uma bela exposição!

– Espero que dê o resultado esperado.

O ambiente festivo proporcionou-lhes uma conversa descontraída. Assentaram-se afastados das pessoas, enquanto ocorria o leilão.

Isis acompanhou-o.

Havia uma certa nostalgia naquele ambiente ou seus corações se recordavam de momentos parecidos?

Quem poderá sondar a alma humana, esta desconhecida? Avaliar determinadas situações em que a criatura parece criar asas pelo tempo!

– Isis, o que lhe vou dizer irá mudar seu ritmo de trabalho.

– Como, Kemi?

– Você não precisa mais se preocupar com as dívidas!

– Você diz, por causa da exposição?

– Não.

– Não compreendo, sei que a renda dos tapetes não basta, é preciso muito mais dinheiro... Mas, trabalharei e faremos outros bazares...

– Não, não se trata disto.

Tentava ele se explicar, desconcertado com sua determinação.

– Isis, saldei todas as dívidas de Enon!

Aquilo caiu como uma bomba na cabeça de Isis.

– Você?!!!

Surpresa, levantou-se do banco, perplexa.

– Ah! Eu não acredito Kemi, você fez isto por nós!

– Sim, Isis, foi o jeito!

– Como iremos pagar-lhe, Kemi? – indagou apreensiva.

– Não quero nada, Isis, vocês não me devem nada.

– O dinheiro do bazar é todo seu.

– Absolutamente, eu não aceito.

– Mas é preciso aceitar. Por que fez isto?

– Foi o único jeito. Isis, não havia outra forma. Impossível conter os juros... Desculpe-me, se a ofendo, não encontrei outra solução para ajudá-los.

– Não me sinto ofendida com você, – disse humildemente – apenas não me conformo com seu sacrifício!

Sua sinceridade o desarmou, mas explicou-lhe:

– Isis, nem a renda do bazar ou de outros bazares seria suficiente para saldar tamanha dívida. Só Deus sabe, quando o conseguiria!

– Não me conformo, hei de lhe pagar tudo, um dia!

– Isis, eu faria qualquer coisa por você, nesta vida... Quero que saiba disto – disse abaixando o tom da voz.

– Não é justo, Kemi...

Encorajado, exclamou apaixonado, rompendo as barreiras de seu coração:

– Eu a amo!

Suas palavras soavam como uma música, estremecendo as fibras mais íntimas de sua alma. Era tudo que ela quisera saber, como também era a última coisa que poderia ouvir.

Que fazer? Vontade de sair voando... fugir... ficar.

– Não posso viver mais esta tortura!

– Que tortura Isis?

O pranto ameaçava cair e seus olhos brilhavam como nunca.

– Eu preciso de você para viver e não posso ficar com você! – explodiu emocionada e nervosa. – Jamais deveria estar lhe dizendo isto!

– Diga, amor de minha vida, quero que me fale tudo, agora – implorou-lhe.

## *A RECUSA FORÇADA* *

Isis não se conteve mais diante de sua súplica. Seu dever falava mais alto que aquele amor correspondido e impossível. Precisava reagir com energia! Seu coração dobrava-se perante ele que era a quem ela mais queria. Num supremo esforço falou:

– Ouça-me, Kemi! Não me interrompa, por favor. Você é a pessoa mais importante para mim, nesta vida. Só Deus sabe como tenho vivido desde que meu destino se cruzou ao seu!... Mas antepondo-se ao meu amor e aos meus anseios, existem meu lar e meu compromisso!

Kemi olhava-a, calado, medindo suas palavras. Os longos cílios também estavam úmidos.

Sentia-se querido e, ao mesmo tempo, preterido. A impossibilidade em modificar seu destino, fazia-o sentir-se pequeno. Os argumentos dela eram coerentes demais!

Isis continuou firme, procurando amenizar sua decisão.

– Entenda, meu amor, esta vida nos pregou uma peça!

– Não me conformo, Isis.

– Devemos sublimar este amor impossível.

– Você fala em sublimar! – reclamou, desapontado.

(*) "É na alternativa forçada do prazer e da dor que está o princípio da educação das Almas." – Léon Denis, *O Problema do Ser, do Destino e da Dor*, FEB, 17ª edição, pág. 375.

Ela suspirou e continuou:

– Você seguirá o seu destino e eu seguirei o meu, como os rios se unem e se separam, para depois seguirem seu destino... Assim seremos nós.

– Você diz... No entanto... suas palavras não me consolam... me queimam e amargam!

– O sentimento que nos vincula é imortal. Um dia estaremos juntos para sempre – olhou-o, meigamente. – Você é minha pedra guardada no fundo do oceano e, para encontrá-la, terei que vestir um escafandro especial. Isto é o destino.

– Mas e eu, como ficarei, sozinho?!!!

– Você nunca estará sozinho... estarei sempre com você.

– É o que veremos! – respondeu Kemi duvidando de suas palavras.

– Para os que verdadeiramente se amam, as barreiras não existem, Kemi...

## *A MURALHA* *

Ele, na verdade, recusava-se a aceitar aquele "não" que erguia entre eles uma muralha intransponível.

As palavras de Isis não o convenciam. Colocado em segundo plano, no seu coração, sentia-se ofendido.

– Não compreendo esta forma de amar!

– Eu sempre amarei você Kemi – concluiu Isis, querendo fazê-lo entender seu sentimento e a responsabilidade de seu compromisso.

---

(*) "No que nos aflige, só vemos, em geral, o presente e não as ulteriores conseqüências favoráveis que possa ter a nossa aflição." – Allan Kardec, *O Evangelho Segundo o Espiritismo*, FEB, 107ª edição, pág. 406.

Kemi voltou-se, agora sarcástico:

– Você deu a entender que me amava e agora, veja o que recebo de você!

Desconcertada, porque ele tinha razão, tentou justificar sua leviandade:

– É verdade, fui insensata, até certo ponto, eu sei, mas estou arrependida, perdoe-me!

Mas era tarde! Havia alimentado aquele sonho impossível e ele não se conformava.

– Perdão? É fácil falar!

– Pensei que as coisas jamais chegariam a esse ponto.

Sem esperar que ela continuasse, explodiu, descontrolado:

– Pare Isis, por favor, não diga mais nada!... Chega, não quero ouvir mais nada de você!

Ela conseguira irritá-lo. O temperamento impulsivo de Kemi, até então reprimido, agora eclodia.

Era impossível algo entre eles, sentia-se como um palhaço.

De que lhe adiantara tantos sonhos para cair naquela cruel realidade?

Isis, assustada, não sabia mais o que falar. Nunca o vira assim tão irritado. De repente, estavam discutindo. Kemi recusava seus argumentos e sua rebeldia a magoava.

Um vulcão se instalou dentro dele, sentia-se preterido e isto era tudo. Mostrava-se agora tal qual era: a personagem de Pierre Malpier em seu esplendor, rebelde e impulsivo.

Voltou-se, agressivo:

– Você vai ouvir. Não diga mais nada! Em nenhum momento você pensou em mim, em minha solidão, como tenho vivido entre quatro paredes. Eu tenho que tolerar tudo, nada posso fazer, vivo como um mero espectador de sua vida conjugal!

Ele agora falava ferindo sua sensibilidade e cada palavra caia-lhe no coração como lâmina de fogo.

Magoado, queria magoar.

Era a sua vingança.

O sentimento dele transformara-se em cobrança cruel e amarga, sem maturidade suficiente para compreender o coração sensível da mulher que o amava e por ele sofria.

Foi neste clima tenso que terminou o bazar.

A discussão acalorada abalou-a profundamente e ela adoeceu.

Experimentou tanta solidão que se o marido e o filho não reclamassem sua presença e cuidados, talvez tivesse terminado com a própria vida.

Não deveria exigir entendimento de quem, na verdade, precisava de sua compreensão.

A renda do bazar serviu para pagar as despesas médicas de Enon.

Suportou, em silêncio, todo aquele peso e preferiu isolar-se por uns dias.

Kemi, com sua atitude, criara entre eles uma barreira intransponível, que somente o tempo poderia derrubar.

## *O NAMORO* *

Depois daquele colóquio, Kemi, desiludido, mudou seu comportamento.

Alguns dias depois, iniciou um namoro com uma jovem

(*) "A liberdade é a condição necessária da alma humana que, sem ela, não poderia construir seu destino." Léon Denis, *O Problema do Ser, do Destino e da Dor*, FEB, 17ª edição, pág. 342.

colega que o assediava sempre. Sua atitude, infantil e precipitada, tinha como objetivo chamar a atenção de Isis, e despertar-lhe o ciúme, fazendo-a passar pelos mesmos sentimentos que ele sentia em relação a Enon.

Vários acontecimentos se sucederam.

Kemi mudou-se para um apartamento, perto de seu escritório. A convivência com a namorada diminuía a solidão de sua vida e o mantinha entretido pelo menos.

O único objetivo daquele namoro era magoá-la.

Na verdade, ele conseguia seu intento. Isis, enciumada, não podia demonstrar seus sentimentos e calcava-os, no fundo d'alma. O vazio e a terrível sensação de perda tomavam conta dela.

Gostaria de lhe falar, mas ele se negava a qualquer diálogo. Todas as tentativas foram vãs e ela sofria, pensando que poderiam, ao menos, continuarem amigos.

Seu sorriso desapareceu, ficou melancólica e apreensiva. Perdera o que era mais importante em sua vida. Mesmo colocando-se em seu lugar, na tentativa de compreendê-lo, o ciúme corroía sua alma.

Infelizmente, ele não a perdoara.

## *KEMI, O MESMO PIERRE* *

O rapaz atormentado, distanciara-se da família e enveredou-se para a bebida.

Aquele namoro era apenas uma fuga.

Certo dia, Isis o procurou, a despeito de tudo, correndo o risco de ser mal interpretada.

---

(*) "De duas espécies são as vicissitudes da vida, ou, se o preferirem, promanam de duas fontes bem diferentes, que importa distinguir. Umas têm sua causa na vida presente; outras, fora desta vida." – Allan Kardec, *O Evangelho S. o Espiritismo*, FEB, 107ª edição, pág. 98.

Como previra, ele a recebeu friamente, respondendo a suas perguntas por monossílabos.

Isis não concebia a atitude dele que teimava em humilhá-la, dificultando o seu relacionamento.

– Por que envolver uma terceira pessoa? – Isis referia-se à namorada.

– Isto é problema meu! – respondeu-lhe, mal humorado.

Em qualquer diálogo com ele, Isis saía perdendo. Terminava sempre em monólogo e ela, enfim desistiu, desiludida.

Sabia estar se rebaixando, indo a seu encontro, mas alimentava a esperança de reconquistar ao menos sua amizade... Porém, Kemi mudara totalmente seu modo de ser e ela decidiu não mais procurá-lo.

## *RECONCILIAÇÃO DOS ESPOSOS* *

Passaram-se dois anos, desde o dia da exposição dos tapetes.

A vida do casal voltava à normalidade, graças à persistência de Isis. Enon mais desenvolto, reiniciava lentamente o trabalho, auxiliado por Jesiel, agora rapazinho.

Não desconfiara de toda a dificuldade da esposa e muito menos da ajuda de Kemi. Pensava que a venda do carro e dos terrenos fora o suficiente para remir suas dívidas.

Kemi recusara-se a receber qualquer pagamento.

Assim aquele caso fora encerrado, sem que Enon soubesse realmente da verdade.

Não obstante a ausência proposital de Kemi, o casal não

(*) "Não acrediteis na esterilidade e no endurecimento do coração humano; ao amor verdadeiro, ele, a seu mau grado, cede. É um ímã a que não lhe é possível resistir." – Allan Kardec, *O Evangelho Segundo o Espiritismo*, FEB, 107ª edição, pág. 188.

perdera o vínculo com Lúcia e o marido, pois Pérola era a chama que mantinha aquela amizade cada dia mais forte.

A menina crescia em tamanho e graça e o seu carinho por eles aumentava, em proporção. Jesiel era o companheiro que brincava com ela, satisfazendo-lhe todos os gostos, apesar da diferença de idade.

A despeito de tudo, Isis jamais mudara em relação a Kemi. Continuava pensando nele e sempre orava por sua felicidade. Sentia-se imensamente grata pelo auxílio ofertado à sua família, uma dívida que nunca conseguiria saldar.

Kemi se transformara em outra pessoa. Aquele jovem calmo e bom que conhecera não mais existia, embora continuasse trabalhador e responsável. Tornara-se totalmente descrente das coisas espirituais. Persistia ainda naquele estranho namoro.

Não podia anular a indiferença que ele lhe dedicava e nem modificar suas vidas. Melhor viver afastada dele, do que perto e atormentada. Eram estes seus pensamentos.

Kemi era o seu enigma.

Sentia-se responsável por sua brusca mudança. Quando orava percebia que suas preces não o alcançavam, pois ele se achava envolto em grossas nuvens escuras.

Órion, seu protetor espiritual, aguardava o momento oportuno de dissipar as camadas grosseiras que envolviam o seu pupilo. Para tal, necessitava do concurso dela. A mágoa que Kemi alimentava em seu coração, em relação a Isis, dificultava sua intervenção.

## *A VINGANÇA DE KEMI* *

Realmente a barreira parecia intransponível.

(*) "Urge perceber que o "nós" da comunhão afetiva não opera a fusão dos dois seres que o constituem" – Emmanuel/F.C. Xavier, *Vida e Sexo*, FEB, pág. 54.

Isis, enciumada, receava encontrá-lo e ser maltratada. Temerosa, recuava.

O destino porém, reservava-lhe o último golpe: Kemi decidira casar-se.

A notícia feriu-a como um punhal, desequilibrando-a.

Não se pode precisar o que se passou em seu íntimo.

Como estava longe da perfeição!

O ciúme fincava, em seu coração, lâminas de fogo.

Não concebia a idéia de vê-lo unido a outra mulher.

Tornou-se apática, perdera o apetite e a vontade de viver... Aquele casamento precipitado era um grande erro que ele estava cometendo, procurando sua própria desdita.

Não se enganava.

O ciúme a atormentava dia e noite.

Kemi usara o casamento para fugir àquela situação e vingar-se. Não vislumbrava outra saída. Assim estariam navegando em barcos parecidos.

Na verdade, ele não conseguira entender a extensão do amor que Isis lhe devotava e o quanto ela sofria com sua atitude.

As pessoas julgam que se conhecem e se deparam com o próprio egoísmo. São os obstáculos que o Evangelho apregoa, as montanhas que existem e que se transformam em verdadeiros espinhos para quem almeja a evolução. É neste momento que as forças adormecidas voltam à tona, tanto para o bem, quanto para o mal.

O desafio não é fácil.

Vencer-se é mais difícil que vencer o mundo.

Kemi constituía o seu maior obstáculo e o objeto de sua perdição.

Aquele amor doentio, longe da sublimação, desafiava sua sede de progresso.

O incrível casamento era apenas uma fuga e ele não fazia disso segredo.

Lara, a noiva, loucamente apaixonada por ele, não media esforços para tê-lo e, receosa, apressava o casamento, mesmo sabendo que seu amor não era correspondido.

Assentados, os noivos conversavam. As carícias dela não o satisfaziam.

– Lara, você sabe que amo outra mulher?

– Com o tempo eu o farei esquecê-la.

Lara acreditava realmente que isto seria possível.

– Como você mesmo diz, Kemi, é impossível uma ligação entre vocês!

– Meu sentimento está confuso. Às vezes sinto raiva e gostaria de me vingar... – desabafou com a noiva, demonstrando claramente seus sentimentos duvidosos.

– Depois que nos casarmos, tudo irá mudar, tenho certeza!

– Talvez, Lara, mas se você me aceita, mesmo sabendo de toda a verdade... Não quero que se case comigo enganada!

– Gostaria de saber quem é esta mulher.

– Você não a conhece e jamais direi quem é!

– De qualquer modo eu não gosto dela, mesmo desconhecendo minha rival...

Lara mostrava-se compreensiva, ganhando-lhe a confiança. Entretanto, as palavras dele a irritavam e ela procurava ocultar-lhe o ciúme que sentia.

– Não falemos mais nisto, é passado! – desabafou Kemi.

E marcaram a data do matrimônio, o mais breve possível.

## *A TENTATIVA DE ISIS* *

Isis tentou, em vão, falar-lhe, pessoalmente. Forçou uma entrevista por telefone.

– Kemi, soube que marcou a data de seu casamento.

– Isto não vem ao caso – disse ele, completamente arredio.

– Pense... Casamento é algo muito sério.

– Você pensou, quando se casou?

– Kemi, a minha situação não se compara com a sua – tentou explicar-se.

– Ah! Não?

– É um passo muito sério, você irá se arrepender, mais tarde...

– Não adianta, casar-me-ei sábado. Estou decidido!

– Pense mais, eu lhe peço! – suplicou, humilhando-se.

– Tenho direito de fazer minha escolha, até isto você quer mudar?

– Você não entende, Kemi! É sua vingança?

Isis incitava-o, porque o ciúme falava mais alto.

– Vingança? Por ventura, pensa que me caso por causa de você?

– Não, não penso... Tenho certeza!

– Quanta pretensão! – criticou-a, sarcástico.

– Você jamais entendeu coisa alguma... Kemi!

– Não se intrometa mais em minha vida!

– Só não queria que envolvesse uma terceira pessoa... Era

(*) "Obtém-se da vida o que se lhe dá, colhe-se o material de plantio." – Emmanuel/ F.C. Xavier, *Vida e Sexo*, FEB, pág. 55.

isto que gostaria de fazê-lo entender... Mas é impossível! De hoje em diante, não o procuro mais... porque compreendo que nem mesmo a minha amizade você quer!

– Nem amizade!

Mediante sua atitude irredutível, restou-lhe dizer:

– Então, adeus!... Seja o que Deus quiser... Que seja seu casamento abençoado por Ele.

– Adeus!... – respondeu ele com voz triste, percebendo que tudo estava terminado e para sempre.

Desligaram o telefone, estacados, como dois inimigos.

Contrariada por ter insistido, sentindo-se humilhada por sua intervenção, condenava-se: "Afinal de contas ele é livre para fazer sua escolha!..."

Isis entrou em pranto convulsivo após aquela conversa.

Tudo acabado...

No outro dia, não se deu por vencida. Recorreu ainda a Lúcia, para desabafar e saber a opinião da irmã.

– Lúcia, Kemi está agindo impulsivamente, você não acha?

– Acho também, mas não quero me intrometer.

– Que atitude mais insensata!

– Eu sei, Isis, ele se cansou de me dizer que ela não é a mulher ideal para ele.

– Ele vai se arrepender.

– Carlos e eu já o avisamos. Kemi está muito mudado!

– Ele ainda continua bebendo?

– Além de beber, está nervoso e agressivo com todos.

– Desconfio que sua noiva irá sofrer muito.

– Ambos vão ser infelizes! – vaticinou Lúcia, desalentada.

– Às vezes, há males que vêm para o bem! O pior é que quando ele acordar será tarde demais... – arrematou Isis, conformando-se. – Está nas mãos de Deus o seu destino!

– Resta-nos orar por eles – concluiu a irmã, concordando.

Lúcia aguardava outro bebê e preferiu não se intrometer nas decisões do irmão. Encontravam-se pouco ultimamente, por causa da filhinha e além disto, Kemi havia mudado muito seus hábitos.

## *O CASAMENTO* *

Chegara o dia do casamento.

Um temporal desabara sobre a cidade.

Por coincidência, no mesmo dia, Enon tivera uma recaída súbita. Em casa, Isis procurava não demonstrar seu abatimento. Sentia-se nervosa e intranqüila, como se estivesse perdendo um ente querido. Não parava de pensar em Kemi. A idéia dele se unir a outra mulher a desesperava.

Olhava a chuva que caía em grossos pingos. Era a hora da Ave-maria, o momento em que ele deveria estar na igreja. Precisava vê-lo, nem que fosse de longe. Um sentimento masoquista a torturava. Em seu coração, rugia uma tempestade.

Ninguém participou de sua dor e nem viu suas lágrimas.

Ergueu os olhos para o céu nublado e tentou orar, pedindo a Deus que o guardasse e o fizesse feliz. Sua prece porém, parecia não alcançar o objetivo.

A igreja não distava muito de sua casa. Queria vê-lo, mesmo de longe.

Sem que sua família percebesse, saiu sorrateiramente e

(*) "Mas, o homem não gosta das coisas simples; prefere o obscuro, o complicado, e não aceita a verdade senão depois de ter esgotado todas as formas de erro." – Léon Denis, *O Problema do Ser, do Destino e da Dor*, FEB, 17ª edição, pág. 344.

obedecendo ao apelo do coração, debaixo do temporal, rumou para a igreja.

A extensão daquele gesto justificava seu desequilíbrio.

Realizavam-se as bodas.

Correu para alcançar, pelo menos, a saída dos noivos.

Aproximou-se temorosa da igreja mas, pela quantidade de carros, percebeu que havia poucas pessoas.

Sem coragem de entrar, ficou do lado de fora.

Ocultou-se atrás de uma árvore para vê-lo.

O casamento havia terminado.

Algumas pessoas saíam da igreja, rapidamente.

Isis não se dava conta da chuva. A tempestade maior estava nela.

Distanciada de todos, envolta num capuz, ela assistiu à saída dos noivos.

Viu-os de longe. A noiva foi a primeira a aparecer. Auxiliada por amigas, entrou no carro e ficou aguardando o noivo.

Finalmente, Kemi surgiu, trajando um terno preto, muito pálido. Em seu rosto não havia alegria.

Parado, na porta da igreja, desabrigado da chuva, conversava com alguns amigos. Naquele momento, algo estranho acontecia com ele. Parecia que o tempo havia parado, não percebia a chuva que o molhava... A noiva o aguardava no interior do carro... Não fazia a menor diferença... Mas, por questão de honra, devia seguir seu destino com aquela que acabara de receber por esposa. Instintivamente, voltou-se para o lugar onde Isis se encontrava.

Oculta, ela não perdia nenhum de seus movimentos.

De repente, ele se encaminhou para o seu rumo, como se algo o atraísse. Tremendo... Isis escondeu-se mais, receando ser notada.

Kemi parou, deu meia volta e retornou à igreja, sem saber porque fora atraído para aquela direção, longe de imaginar que ela estaria ali por perto, próxima a alguns metros apenas...

Apático, um desencanto tomou conta dele e a lembrança de Isis se fez mais forte que nunca... Tinha o coração acelerado.

A chuva o molhava e ele nem se dava conta.

Lara, no interior do carro, chamava-o.

Oculta em seu capuz, Isis acompanhou o desenrolar da cena, viu-o entrar, e ficou olhando-o até o carro desaparecer.

Os poucos participantes da cerimônia também foram saindo e ela suspirou grata. Ninguém a vira. Cabisbaixa e encolhida, retornou à casa lentamente, sob o aguaceiro.

A cena passara desapercebida aos olhos materiais, mas não ao Espírito de Victorien que tudo registrara.

## *O LAR* *

Victorien, o espírito amigo que a tudo acompanhara, procurou confortar seu coração enciumado, inspirando-lhe pensamentos otimistas.

Passos lentos, cabeça baixa, o destino estava cumprido. Eles jamais se encontrariam, ele pertencia agora à outra. Um profundo sentimento de perda apossou-se dela. Ela que já suportara duras penas, sabia a dor de um casamento sem a união de almas. Era assim o destino daquele enlace que acabara de presenciar.

Isis olhou o céu, os pingos de chuva molharam seu rosto e se misturaram às suas lágrimas, lavando-as, como se quisessem consolá-la.

---

(*) "A lei das atrações e correspondências rege todas as coisas; as vibrações, atraindo vibrações similares, aproximam e vinculam as almas, os corações, os pensamentos." – Léon Denis, *No Invisível*, FEB, 11ª edição, pág. 80.

Naquele momento, aconteceu algo misterioso e inesperado: suas lágrimas cessaram, uma sensação de paz inundou sua alma.

Influenciada por Victorien, pensou no lar, o seu cadinho purificador. Lá estava Enon necessitando de seu carinho, Jesiel, o fruto de sua união.

Começou a agradecer a bondade de Deus por ter um lar, o seu verdadeiro lugar. Como estivera ausente dele?

Andou mais ligeiro, querendo chegar em casa e abraçá-los. As pernas não obedeciam à rapidez de seu pensamento.

Kemi era o passado doloroso.

Por nada abandonaria seu atual compromisso.

Lembrou-se das palavras daquele Espírito que se referira à curva perigosa que ela deveria atravessar, um dia. Recordou-se de seu sofrimento, receando não resistir ao fascínio de Kemi. Talvez aquela curva perigosa nem existisse!... Poderia ser uma trama das trevas para deixá-la preocupada e infeliz!...

Mais consciente, não teve dúvidas quanto à influência daquele Espírito em seu procedimento.

As coisas começavam a clarear em sua mente.

Parecia ouvir uma voz sugerindo-lhe que deixasse Kemi seguir seu destino e se empenhasse na recuperação de Enon.

Neste estado d'alma entrou, às ocultas, em sua casa. Jesiel preocupado a aguardava:

– Mamãe, a senhora está toda molhada!

– Quieto Jesiel!... Fui dar uma volta...

– Neste temporal! Mamãe, a senhora perdeu o juízo?

– Calma, filho! – tampou os lábios do filho com os dedos. – Não deixe seu pai perceber!

– Hoje não é o casamento do Kemi?

Mostrando-se esquecida, indagou:

– Meu filho, quantas horas são?

– Já são sete horas e meia.

– O casamento não era às seis? – disfarçou para o filho não perceber.

– Então já passou... a senhora não se lembrou?!... – lamentou, desapontado.

– Não tem importância Jesiel. Veja o tempo, seu pai jamais poderia sair de casa, assim! Ele não está nada bem hoje... Ah! Eles irão compreender nossa ausência.

– Kemi também está muito mudado, mamãe. Afastou-se por completo de nós...

– As pessoas mudam, querido...

– A senhora está encharcada, os olhos vermelhos, vai adoecer. Onde estava?

Desconcertada, Isis silenciou ante o olhar amoroso do filho. Retirou seu casaco molhado, explicou-se:

– Fui dar uma voltinha, não deixe seu pai perceber, ele não gostará de me ver assim molhada, é que eu adoro a chuva, ela lava a alma e o tempo...

– Por mais que eu procure conhecê-la, mamãe, eu não consigo. A senhora é muito estranha...

## *DEZ ANOS DEPOIS* *

Passaram-se quase dois lustros, após o casamento de Kemi.

Aqueles anos foram o suficiente para que Enon e Isis levassem uma vida mais amena, apesar da saúde precária dele.

---

(*) "A verdadeira felicidade neste mundo está na proporção do esquecimento próprio." – Léon Denis, *O Problema do Ser, do Destino e da Dor*, FEB, 17ª edição, pág. 289.

O marido tornara-se espírita e a acompanhava uma vez por semana, ao estudo do Espiritismo. Faziam o culto cristão no lar, semanalmente.

Tinham uma vida simples e Jesiel iniciara o curso de medicina fora de sua cidade. Todo o esforço dos pais era canalizado para as despesas do filho, cujo sonho era ser neurocirurgião.

Enon soube apenas parcialmente da grande ajuda material de Kemi, durante sua grave situação e Isis sempre se esquivava em comentar os detalhes. Era grato ao amigo, mas nunca o encontrava.

Sabia notícias de Kemi através de Pérola que mal falava nele.

– Pérola, quando chegará seu tio?

– Não tenho idéia, padrinho, nunca o vejo.

– Quando o viu pela última vez?

– A última vez que o vi foi quando veio visitar a mamãe por ocasião do nascimento de Pedrinho.

Pérola conversava durante horas com ele sobre a escola, os irmãozinhos mas, quanto ao tio, a menina ainda não superara de todo aquela aversão. Agia como se ele não existisse.

## *O DIVÓRCIO* *

Voltemos alguns anos e vejamos as mudança ocorridas em Kemi, desde o dia de seu casamento.

Ele não era feliz e seu lar um espinho.

Lara era muito ciumenta e mesmo sabendo que ele não se casara por amor, acalentava a esperança de que, com o tempo, ele viesse a amá-la.

---

(*) "O divórcio é lei humana que tem por objeto separar legalmente o que já, de fato, está separado." – Allan Kardec, *O Evangelho Segundo o Espiritismo*, FEB, 107ª edição, pág. 331.

Ledo engano!

O marido, insatisfeito, começou a beber. Não se preocupava com ela e só voltava ao lar, altas horas da noite. Com o tempo, sua personalidade foi-se alterando sob o efeito do álcool, tornando-se agressivo. Não tolerava os ataques de ciúme dela. Gladiavam-se com palavras até que um dia, desesperado, ele partiu para a agressão física.

Lara recorreu aos familiares e estes aconselharam-na a abandoná-lo.

E, um dia ela partiu. Reclamou seus direitos, provocando o divórcio.

Aquele casamento precipitado não atingira dois anos e Kemi concordou imediatamente com a idéia do divórcio, antes que as coisas piorassem entre eles.

Após a separação, sentiu-se aliviado, embora continuasse bebendo muito.

Seu destino parecia predestinado à solidão. Afastado do convívio familiar, viajava sempre, a negócios.

## *OS IRMÃOS* *

Kemi, durante este período de ausência, esteve uma vez em casa da irmã e lá encontrou Isis, inesperadamente, por ocasião do nascimento de seu terceiro sobrinho.

Lúcia tivera uma gravidez cheia de problemas e ele apreensivo, deixou seus negócios para estar com a irmã, sua única família, depois do seu divórcio.

Os irmãos, saudosos, conversavam.

---

(*) "A união e a afeição que existem entre pessoas parentes são um índice da simpatia anterior que as aproximou."- Allan Kardec, *O Evangelho Segundo o Espiritismo*, FEB, 107ª edição, pág. 91.

– Sinto muito sua falta, Kemi.

– Eu também, minha querida, por isto deixei meus negócios para estar aqui, quando nascer seu filhinho.

A barriga de Lúcia estava imensa e as dores dificultavam seus movimentos.

– O que diz o médico sobre estas dores? – perguntou apreensivo.

– O bebê está em posição invertida e tenho perdido líquido... Mas não é nada alarmante... Estou bem – tranqüilizou-o.

– Quando será seu nascimento?

– A qualquer momento... – sorriu, percebendo que o bebê mexia.

– Olhando-a sensibilizado, Kemi falou, sem se dar conta de suas palavras que a deixaram pensativa.

– Estou certo de que será um menino e por sinal... muito levado...

– Não sabia que havia desenvolvido sua vidência a tal ponto!... – criticou-o sorridente, procurando uma posição mais cômoda para se apoiar.

– Alguém me diz, Lúcia... soprando bem aqui em meu ouvido. Ouço uma voz.

Kemi havia bebido um pouco, antes de visitá-la. Lúcia cultivava verdadeira adoração pelo irmão; deixava-o desabafar à vontade. Não a incomodava o fato dele chegar meio embriagado e acolhia-o com imenso carinho.

– Já pensou qual o nome dele?

– Ainda não decidimos, mas Carlos gostaria que se chamasse Mateus, se menino e... Ana Lúcia... se menina...

– Tenho uma sugestão para o nome deste garoto – continuou Kemi, afirmando o sexo da criança. – Colocaria o nome de Pierre.

– É lindo este nome! Mas não gosto de nomes estrangeiros.

– É apenas uma sugestão, o filho é de vocês...

De um assunto passaram a outro, agora um tanto doloroso para eles.

– E Pérola, como está? – perguntou com certa amargura.

– Pérola mudou muito, não a reconhecerá, e... nem o Juninho. Estão crescidos!

– Acho que ela ainda não me tolera, é bom que não me veja.

O assunto o magoava muito.

– Não, Kemi, não é assim, as coisas mudaram. Pérola é uma mocinha! Às vezes, ela se refere a você, pergunta-me porque não vem nos visitar mais vezes!... – Lúcia mentia ao irmão para alegrá-lo.

– Verdade? Isto me alegra muito – sorriu Kemi.

– Aquilo foi coisa de criança pequena e mimada! – exclamou Lúcia.

– Onde ela está agora?

– Está em casa de Isis, aliás ela não sai de lá – disse a mãe, conformada.

– São tão amigas assim?

– Para você ter uma idéia, Isis parece ser mais sua mãe do que eu. Desde pequena, Pérola é muito apegada ao casal.

– Você não considera isto ruim?

– Não, porque a influência de Isis sobre ela é muito positiva, além de me auxiliar em sua educação.

– Não sente ciúmes?

– São coisas do coração... Certa vez, Pérola era pequena, fomos a uma reunião e um Espírito afirmou que Isis teria sido sua mãe em uma outra existência – omitindo as outras coisas que aquele Espírito, na ocasião, houvera dito sobre Kemi, e continuou – Acho até que seja verdade.

Kemi, ultimamente, estava muito céptico e desinteressado de assuntos espirituais e impaciente, mudou a conversa, perguntando pelo outro sobrinho:

– E Juninho? É um bom menino?

– Juninho é um excelente menino, saiu ao pai... estão sempre juntos.

Lúcia não se sentia bem, as dores aumentavam. Inquieta, levantou-se, desculpando-se com o irmão:

– Kemi, distraí-me conversando com você, mas não me sinto bem, vou deitar-me... Fique à vontade.

## *PEDRINHO* *

Naquela mesma noite, nasceu a criança, através de uma cesariana.

Como vaticinou Kemi, nasceu um menino.

Lúcia ficou vários dias no hospital porque, além do parto complicado, o menino necessitava também de assistência, pois apesar de sadio, apresentava uma pequena deformidade física.

Ocultaram o fato a Lúcia, enquanto puderam, até ela se sentir melhor. Entregavam-lhe a criança para amamentar sempre embrulhado, para que não percebessem seu defeito.

---

(*) "Muitas vezes, até, uns seguem a outros na encarnação, vindo aqui reunir-se numa mesma família, ou num mesmo círculo, a fim de trabalharem juntos pelo seu mútuo adiantamento." – Allan Kardec, *O Evangelho Segundo o Espiritismo,* FEB, 107ª edição, pág. 90.

No hospital, o reencontro de Isis e Kemi foi fatal.

Kemi cheirava a álcool.

Nada havia mudado, na verdade, dentro de seus corações, apenas a conduta dele se modificara em relação a ela.

Cumprimentaram-se cordialmente. Havia outras pessoas no quarto e ali eles permaneceram como dois estranhos.

Carlos estava orgulhoso de mais um filho e virando-se para Kemi, perguntou-lhe:

– Qual é o nome que você sugeriu para nosso filho, Kemi?

– Pierre... – respondeu simplesmente.

Isis sentiu um choque tão grande ao ouvir aquele nome que sem perceber protestou:

– Não! Pierre, não!...

Olharam-na espantados com a inesperada e brusca reação, sem motivo aparente. Parecia que ele houvera dito uma blasfêmia.

– Que foi Isis? – interveio Lúcia, sorrindo de seu espanto. – É um nome bonito... Você não gosta?

– Não, não mesmo... Desculpem-me, não me contive, não sei porque...!

Ela estava muito embaraçada.

– Não gosto de nomes estrangeiros, Carlos... – explicou Lúcia, olhando carinhosamente para o esposo. – Deixo para você a escolha.

O pai pensou um pouco e depois falou com sua habitual calma:

– Gostaria que fosse Mateus... Bem... mas... acho que ele poderá se chamar Pedro, é um nome muito bonito, também.

Neste momento, o menino gungunou no bercinho, atraindo a atenção de todos.

– Está batizado! – exclamou Kemi. – É o mesmo nome que escolhi em português e nós o chamaremos carinhosamente de Pedrinho!

Bateram palmas todos juntos.

Assim o terceiro filho de Lúcia recebeu o nome de Pedro.

Retornaram ao lar e quando Lúcia foi banhar o menino notou o pequeno defeito na mãozinha esquerda.

Olhou-o carinhosamente e aconchegando ao peito o pequeno ser, falou, beijando sua mãozinha, com os olhos cheios de lágrimas:

– Meu amor, isto não é nada... Com três dedinhos você fará muito mais que se tivesse os cinco, tenho certeza!

O bebê olhava-a, como se lhe agradecesse a compreensão e estendeu a pequenina mão ao alto, até tocar o rosto de sua mãezinha. Depois, colocou em seus lábios os três dedinhos, acariciando aquela que o recebia com tanto amor.

Lúcia lembrou-se das palavras do irmão e balançando seu neném falou:

– Você será muito inteligente e sapeca, Pedrinho... todos vão aplaudi-lo, quando você fizer suas gracinhas!

O recém-nascido trouxe muita alegria para a família e Kemi, mais animado, confidenciou à irmã:

– Lúcia, quero fazer algo pelo Pedrinho... dar-lhe-ei como presente o meu apoio financeiro até à sua idade adulta. Não tenho filhos... Vocês são minha única família...

– Obrigada, meu querido, você nos ajudará a educar Pedrinho... Assim ele será também, um pouco seu... é inteligente e precisará receber uma boa educação. Fico muito feliz!

Antes de partir para Colômbia, Kemi deixou depositado em um banco vultosa soma para o sobrinho.

Pérola e o tio se encontraram, nesta ocasião, rapidamente e quase não se falaram mas, pelo menos, a atitude cortês dela, incentivou-o a voltar outras vezes.

Depois que o tio partiu, Isis chamou-lhe a atenção, carinhosamente:

– Não seja assim, minha filha, pense o quanto seu tio ficaria feliz com seu carinho!

– Eu sei, madrinha, mas tem uma coisa aqui dentro – colou a mãozinha no coração – que aperta!

– Deixe-a, Isis, deixe-a... – intrometia-se Enon. – Venha Pérola, vamos ver o Danúbio.

Danúbio era um cachorro preto e peludo que vivia no fundo do quintal.

Isis tentava corrigi-la, suas palavras surtiam pouco efeito, mas, com o passar do tempo, tinha certeza de que tudo haveria de mudar.

Como Jesiel estava sempre ausente, o casal dedicava-se muito à afilhadinha.

Aqueles anos foram suficientes para que eles se reconciliassem. A presença constante de Pérola e o carinho que ela lhes dedicava, contribuía muito para aproximação dos dois e, de certa forma, substituía a ausência de Jesiel em casa.

## *O DESENCARNE DE ENON* *

Certo dia, Enon acordou apreensivo, com fortes dores no peito e chamou a esposa:

– Isis, não me sinto bem.

(*) "A maneira por que cada qual sabe morrer, é já, por si mesma, uma indicação do que para cada um de nós será a vida do Espaço." – Léon Denis, *O Problema do Ser, do Destino e da Dor,* FEB, 17ª edição, pág. 130.

– Vamos chamar o médico, já!

– Não querida, espere, ouça-me primeiro – sua voz era lenta, mas clara. – Quero que me perdoe todo o mal que lhe causei.

– Enon, deixe disso. Você está bem?

– Estou, mas diga que me perdoe.

– Não compreendo, você nada me fez!

– Fiz sim e muito. Você foi uma heroína me suportando, todo este tempo, desde aquela tragédia que me aconteceu. Nunca lhe falei sobre os meus sentimentos, porque preferi demonstrá-los modificando-me para melhor. Graças a você e ao Espiritismo, sou um novo homem. Devo tudo a você.

– Enon, você está pálido e suando, suas mãos estão geladas!

Sem se importar com sua preocupação, continuou:

– Eu sei que não a fiz feliz como devia, e nunca fui o homem de sua vida.

Isis não sabia o que fazer, mas teve forças para lhe dizer:

– Enon, nada disto é verdade, eu sou feliz com você.

Sua palidez aumentava e ela desesperada, chamou o médico.

Tratava-se de um novo infarto, agora fulminante.

Enquanto aguardavam o médico, ela tentava confortá-lo:

– Não fale assim, Enon, é você que deve me perdoar, eu fui muito malvada.

– Isis, estou vendo, ao longe, uma luz que se aproxima, dê-me água.

Ela trouxe-lhe a água, correndo, receosa de deixá-lo só.

Ao voltar com o copo de água, encontrou-o sem vida.

O médico chegou e constatando o óbito disse:

– Se novamente ocorresse o infarto, seria fatal.

– Eu sabia, doutor, é pena que nunca se sabe quando...

– Meus pêsames, minha senhora!

– Obrigada, doutor! – agradeceu entre lágrimas.

Jesiel lamentou a partida do pai, compartilhou do sofrimento da mãe, mas era obrigada a deixá-la só.

– Mamãe, espero que estes meses passem rápido – dizia-lhe ao se despedir.

– Jesiel, meu filho, vá com Deus e siga firme em seus propósitos, não se preocupe comigo.

– Darei aulas particulares para reduzir meus gastos.

– Cuidado para não atrapalhar seus estudos.

– Pelo contrário, mamãe, estas aulas me manterão mais atualizado.

– Orgulho-me de você, Jesiel.

Abraçou-o, satisfeita.

– É uma pena que só virei nas férias, sentirei muito sua falta.

– Escreva-me, assim diminuirá a saudade.

Mãe e filho abraçaram-se, longamente. Isis esforçava-se para não chorar e transmitir-lhe forças, apesar das circunstâncias.

Jesiel partia, consciente do esforço que sua mãezinha iria fazer para custear seus estudos. A vontade era ficar, mas sabia que no futuro, ambos seriam recompensados. Valia a pena esforçar-se.

Kemi encontrava-se na Colômbia, quando soube do desencarne de Enon.

O falecimento do amigo deixou-o apreensivo quanto à situação de Isis.

Ela continuava sendo a mulher de sua vida e não se perdoava por tê-la magoado inconseqüentemente.

Mantinha contato com Lúcia, através de telefonemas e visitava-a esporadicamente.

Ocasiões em que procurava saber sobre a amiga, mas não se atrevia a procurá-la. E, em casa da irmã, permanecia pouco tempo, por causa da sobrinha.

## *O GRUPO "VICTORIEN"* *

Isis, viúva e só, dividia o tempo com a escola e aulas gratuitas para meninos pobres. Aproveitava o interesse destes alunos e mantinha com eles um ciclo de estudos espíritas, duas vezes por semana. Sua casa estava sempre cheia.

Mas, sua maior alegria era a constante companhia de Pérola, que também participava dos mesmos estudos espíritas.

Certo dia, o Espírito Victorien manifestou-se em plena reunião e demonstrou simpatia por seus estudos.

"– Sejam abençoados todos os que se reúnem sob a égide de Nosso Senhor, para estudarem seriamente as obras de Allan Kardec e colocar em prática os ensinamentos do Mestre. Estarei sempre com vocês e os ajudarei em suas necessidades."

O pequeno grupo ficou imensamente feliz com sua manifestação. Daquele dia em diante, tornou-se conhecido o "Grupo de Estudos 'Victorien'", guia que orientava os trabalhos.

Dos jovens adolescentes, Pérola era a que mais se sobressaía, demonstrando vivo interesse pelos estudos espíritas e nunca faltava às reuniões.

---

(*) "490 – Que se deve entender por anjo de guarda ou anjo guardião?"

"O Espírito protetor, pertencente a uma ordem elevada." – Allan Kardec, *O Livro dos Espíritos*, FEB, 74ª edição.

Colaborava com a madrinha como podia. Era a primeira a chegar, arrumava os livros, a mesa e coordenava as tarefas.

Nem seus dois irmãozinhos a prendiam tanto assim.

Kemi apareceu em casa da irmã. Vinha saudoso, mas ainda procurava refúgio no álcool.

Pedrinho viu o tio e correu até ele, muito engraçadinho. Já havia completado dois anos. Os dois se davam muito bem.

Sentindo Pérola ainda arredia e, um tanto constrangido, perguntou à irmã:

– Onde está Pérola? Nunca a vejo!

– Como sempre, em casa de Isis!...

– Gostaria de vê-la, mas ela está sempre esquiva apesar de educada...

Na verdade, Kemi gostaria de saber mais sobre Isis, mas não se atrevia a perguntar à irmã. Estava ansioso por ver a sobrinha, mesmo sabendo-se preterido. Pérola seria sua ponte para obter notícias de Isis.

Sem desconfiar, Lúcia esclareceu:

– Kemi, Pérola mudou muito, ela cresceu...

– Nem sei porque vim, Lúcia, é melhor que eu me vá antes que ela volte...

– Espere, Kemi, não fique receoso.

– Outro dia, voltarei.

– Pérola não voltará hoje, dormirá em casa de Isis.

Mais tranqüilizado, perguntou curioso sobre a amiga:

– Como está Isis, mais conformada?

– Ela me disse que recebeu suas condolências.

– Foi impossível vir naquela ocasião – explicou Kemi. –

Quando soube do passamento de Enon, não havia como viajar, mas enviei-lhe um telegrama, externando meu pesar.

– Ela está bem, mas muito solitária, desde o falecimento de seu marido. Pérola dorme em sua casa, duas vezes por semana.

– Por quê?

– Elas têm um ciclo de estudos do Espiritismo, à noite.

– Em sua casa?

– Sim. Reúne-se lá um grupo de adolescentes, alguns são alunos de Isis, meninos pobres.

– E Jesiel?

– Jesiel está cursando medicina... – Lúcia interrompeu o assunto para correr atrás de Pedrinho que fazia mais uma de suas travessuras.

– Volte aqui! Pedrinho... – chamou a mãe preocupada.

Os dois correram atrás do garoto que se via em apuros brincando com o Branquinho, o cachorro, aprontando a maior gritaria.

As visitas de Kemi era esporádicas, entre suas viagens à cidade natal.

E... assim o tempo foi passando.

## *JESIEL E PÉROLA* *

Jesiel voltou de férias, após seis meses.

O rapaz regressara, justamente na hora dos estudos de sua mãe.

(*) "Dois seres descobrem um no outro, de maneira imprevista, motivos e apelos para a entrega recíproca e daí se desenvolve o processo de atração." – Emmanuel/F.C. Xavier, *Vida e Sexo,* FEB, pág. 17

O quadro chamou-lhe a atenção. Entre os jovens que cercavam sua mãe, sobressaía-se a graciosa Pérola.

Observou encantado a desenvoltura dela, como crescera naquele ano!

Sua voz soava sonora ao explicar as lições do Evangelho, como se vivesse aqueles conceitos. Parecia um anjo falando.

Prendeu-se aos seus encantos.

A garotinha com a qual outrora brincava, fazendo-se de montaria para agradá-la, fora substituída por uma formosa jovem, quase mulher.

Admirou-lhe os trajes modestos, os cabelos loiros soltos pelas espáduas, o brilho do olhar. Parecia vê-la pela primeira vez.

Como não a observara antes?

Os estudos terminaram, os alunos saíram e Pérola ficou.

– Meu filho, há quanto tempo está aí? – perguntou Isis, surpresa, porque ninguém se dera conta de sua chegada, tão entretidos estavam todos com a reunião.

– Apenas alguns minutos, mamãe – voltou-se para Pérola, sorrindo. – Mas, como você mudou, Pérola, está linda!

A jovem enrubesceu com o galanteio e, meio atrapalhada, respondeu-lhe:

– São os seus olhos.

– Além de bonita é modesta.

Pérola era tímida, mas sentiu-se emocionada com o jeito de Jesiel, cuja sinceridade ela conhecia.

– Madrinha, agora a senhora tem companhia, eu me vou.

– Não seja por isso, você vai ficar.

– É mesmo Pérola, faça de conta que eu não voltei.

Pérola concordou com eles e ficaram até tarde conversando.

Jesiel foi dormir altamente impressionado com a formosura da amiga. Comparou-a com as jovens de sua Universidade. A modéstia e inteligência dela o encantaram. Era quase uma criança.

O interesse mútuo dos jovens não passou despercebido a Isis.

As férias foram o tempo suficiente para que um namoro se iniciasse.

## *TIO E SOBRINHA SE RECONCILIAM* *

Certo dia, Jesiel se encontrava em casa de Pérola e, inesperadamente, encontrou Kemi.

Há muito não o via.

Recebeu o amigo, atencioso, mas disfarçou sua decepção. Kemi estava envelhecido e cheirava a álcool. Pérola acompanhou o namorado, um tanto receosa. Ainda sentia uma certa reserva pelo tio, mas o gesto espontâneo do namorado a animou.

Pérola estava muito feliz junto a Jesiel, pois o amor faz as pessoas enxergarem a vida com outros olhos. A repulsa que sentia pelo tio desapareceu, naquele instante. Ao vê-lo abatido, tornou-se mais branda, apesar de seu coraçãozinho bater forte.

– Como vai tio Kemi? – cumprimentou-o, meigamente.

Kemi parecia vê-la pela primeira vez. Pérola nunca se dirigia a ele. Animado, respondeu:

– Estou vivendo.

Jesiel abraçou-o, carinhosamente, batendo-lhe nas costas e perguntou:

---

(*) "Freqüentemente, o Espírito renasce no mesmo meio em que já viveu, estabelecendo de novo relações com as mesmas pessoas, a fim de reparar o mal que lhes haja feito." – Allan Kardec, *O Evangelho S. o Espiritismo*, FEB, 107ª edição, pág. 104.

– Quanto tempo não vejo o meu amigo, por onde tem andado?

Aquela afabilidade encorajou-o a se assentar ao lado do casal e conversar.

Ele era um misantropo mas sentia necessidade do aconchego familiar. Rejubilou-se com a grata oportunidade.

Enquanto Jesiel conversava longamente sobre seu curso e projetos para o futuro, Pérola observava, atenta, o tio.

Ele se mostrava muito carente. Teve vontade de se aproximar e conhecer melhor o único irmão de sua mãe. Jesiel facilitava aquele encontro entre eles, pois a antipatia de outrora não lhe permitia interessar-se pelo tio.

O interesse do namorado despertou-lhe, também, a curiosidade em saber como ele vivia.

O casal de namorados ouvia-o, atenciosamente, apesar de já conhecerem muito de sua vida, através da mãe.

Lúcia entrou na sala e, ao vê-los conversando animados, ficou felicíssima. Finalmente, a filha aceitava o tio. Para ele era um acontecimento inédito.

Deste dia em diante, Kemi passou a freqüentar assiduamente a casa da irmã, sentindo-se menos só.

## *O QUADRO* *

Certo dia, encontrou Pérola mergulhada na leitura de um livro. Aproximou-se da sobrinha. Sabendo de sua convivência diária com Isis, aventurou-se a saber algo da amiga distante:

– Como vai sua madrinha, Pérola?

---

(*) "... o corpo muda, o Espírito, porém, não muda, embora troque de roupagem." – Allan Kardec, *O Livro dos Espíritos*, FEB, 74ª edição, pág. 141.

– Ah! Meu tio, a madrinha é uma pessoa que não vive para si, não tem outro objetivo senão ajudar o seu próximo. Vive envolvida com seus trabalhos espirituais, é muito procurada pelas pessoas e, além do mais, dá aulas a meninos pobres, em sua casa. É assim a vida dela...

Pérola longe de imaginar os sentimentos do tio, continuou:

– Desde o falecimento do padrinho, ela entregou-se totalmente à filantropia e ao estudo.

– Ela sente muito a falta dele?

– Digamos que não porque ela sabe preencher o tempo, apesar de solitária. Por isso, sempre estou com ela e nos dias do estudo, faço-lhe companhia. Felizmente, Jesiel está prestes a se formar e se Deus o permitir, ele voltará para a nossa cidade.

Kemi desejaria saber mais, porém calou-se temendo ser indiscreto.

– E você, minha sobrinha, quais são os seus propósitos?

– Estou terminando o colegial e pretendo seguir Belas Artes... Venha ver os meus rabiscos, tio...

Emocionado com a mudança da sobrinha em relação a ele, sentia-se à vontade.

Acompanhou a graciosa mocinha até um cômodo isolado da casa. Para chegar a ele era necessário atravessar a alameda de um pequeno jardim. De posse da chave, passaram pelo irmãozinho que brincava ali com uma bola.

– Pedrinho, cumprimente o tio Kemi.

– Olá, tio!

Kemi afagou a cabeça do sobrinho, brincou um pouco com a bola e seguiu a jovem.

Algo, entretanto, fê-lo voltar-se... Pedrinho, agora estava

dependurado numa árvore, segurando-se apenas com seus três dedinhos. Kemi, assustado correu até ele.

– Pedrinho, desça já daí!

O menino era muito pequeno, mas extremamente esperto para sua idade. Sorrindo ao tio e com carinha sapeca, falou:

– Ih! Tio... Eu sei fazer muitas coisas, olhe! – largou o galho da árvore, deu uma cambalhota e depois fez uma incrível pirueta no ar.

Kemi boquiaberto e impressionado com a desenvoltura do garoto, perguntou:

– Onde você aprendeu tudo isto?

– Sou trapezista de circo!

Pérola não se continha de tanto rir.

– Tio, Pedrinho é o maior exibicionista que conheço, se o senhor ficar olhando ele não pára mais!

– É impressionante! Quantos anos ele tem mesmo?

– Quase quatro...

– É incrível, nunca vi uma criança assim!...

– Quer mais tio?

– Chega, Pedrinho, deixe-o... Volte para dentro! – insistiu Pérola, porque sabia que o irmãozinho não a deixaria mostrar seus trabalhos ao tio e empurrou-o para dentro de casa.

– Mamãe o está chamando!

Virando-se para o tio:

– Venha, antes que ele volte – puxou-o rapidamente em direção ao ateliê.

Kemi feliz e descontraído como um menino, seguiu a jovem.

Ele, ao entrar, sentiu o coração bater descompassadamente. Desconhecia os pendores da sobrinha.

Alguns esboços de paisagens, rostos, estavam espalhados pelo quarto, quase todos inacabados...

Pérola acompanhou o olhar interessado do tio e perguntou-lhe:

– Que acha, tio?

Kemi continuava calado.

– Que foi, o senhor está bem? Está tão pálido... vou chamar a mamãe!

– Não, não precisa. Espere, isto vai passar, é só uma tontura, às vezes me acontece.

– Assente-se neste tamborete, desculpe a bagunça. Trago-o fechado, por causa do Pedrinho, talvez seja o cheiro das tintas.

Kemi ainda pálido, o coração descontrolado, pensava:

"Meu Deus, o que está acontecendo comigo?"

Num instante, viu-se assentado pintando, como se o tempo não tivesse passado, o cheiro da tinta a óleo, as telas espalhadas pelos cantos. Subitamente pegou um pincel, pediu-lhe uma tela em branco, colocou-a no cavalete e disse:

– Pérola, assente-se ali.

Pérola adivinhando que algo muito especial estava acontecendo entre eles, deixou-o à vontade, porém apreensiva com a palidez do tio.

Rapidamente, Kemi esboçou uma menina loira de olhos castanhos, vestida em tons de azul, à moda do século passado, aparentando três para quatro anos, com flores entre os braços.

Apesar da idade, os olhos eram os mesmos de Pérola. Kemi pintou rapidamente, como se o modelo estivesse à sua frente e escreveu abaixo: "Perla".

Sob o efeito anímico, ele esboçou inconscientemente a figura de Perla, filha de sua amante Anne-Marie.

## *PIERRE MALPIER* *

O passado aflorou e o cheiro das tintas aguçou seu campo mediúnico.

Sob o ímpeto daquela recordação, ao terminar o quadro, ajoelhou-se aos pés de Pérola e humildemente pediu-lhe perdão.

A moça, desconcertada e surpresa com a estranha atitude do tio, exclamou:

– Que é isto tio Kemi, levante-se!

– Diga-me que me perdoa, necessito de seu perdão, pelo mal que lhe causei.

Sensibilizada com a humilde súplica, respondeu-lhe compreensiva:

– Se isto lhe faz bem, apesar de não saber o porquê, eu o perdôo, tio, mas levante-se! Você é um pintor e eu não sabia!!

Vendo os olhos úmidos do tio e emocionada com aquela atitude humilde, Pérola instintivamente o abraçou como jamais o fizera e beijou-lhe o rosto, carinhosamente.

– Lembro-me de você, pequenina ainda. Nunca me aceitou, eu nunca pude brincar com você, porque era recusado... até os meus presentes eram destruídos.

– Então tio Kemi, quem lhe deve pedir perdão sou eu, – disse, meigamente, afastando-se para observar o quadro recém-pintado.

---

(*) "A verdadeira família compõe-se dos Espíritos que subiram juntos as ásperas sendas do destino e são feitas para se compreenderem e amarem." – Léon Denis, *O Problema do Ser, do Destino e da Dor*, FEB, 17ª edição, pág. 366.

– Quem é esta menina?

– Não sei. De repente, ao entrar em seu ateliê, fiquei completamente fora de mim, jamais pintei antes.

– Sua pintura não é de um amador e sim de um profissional – afirmou pensando que o tio caçoava dela.

– Asseguro-lhe Pérola que, nesta vida, nunca pintei.

Ela percebeu que ele não lhe mentia.

– Será uma pintura mediúnica? – perguntou ansiosa. – Qual pintor poderia ter-se incorporado?

Kemi pediu à sobrinha para não comentar o fato com ninguém e que o segredo ficasse entre ambos.

– Não se preocupe, tio, meu ateliê fica fechado, somente eu tenho acesso a esta minha "bagunça".

– Prometa-me que ninguém verá este quadro!

– Não precisa temer.

Deste dia em diante, eles passaram a se ver mais amiúde. A ternura da sobrinha amenizava sua solidão e ela acabou se transformando em sua confidente.

Falavam várias horas sobre pintura e outros assuntos, mas a conversa sempre se direcionava a Isis.

Kemi demonstrava grande conhecimento sobre pintura e falava nos pintores impressionistas como se os conhecesse. Pérola ficava admirada com aquilo e esperava que o tio novamente pintasse algo.

Gostaria de comunicar o fato à madrinha, mas respeitava a promessa feita ao tio.

Kemi e Isis, há muito não se viam. Agora, através de Pérola, ela recebia notícias dele.

Rejubilava-se em saber que ele já não visitava a irmã cheirando a álcool e atribuía o fato à convivência dele com a jovem.

Nunca deixou de querê-lo. Suas orações alcançaram seu objetivo. O desencanto que sentia ao pensar nele, foi desaparecendo. As barreiras escuras se desfaziam, finalmente.

A atenção que Pérola dispensava ao tio muito contribuiu para a sua transformação. Assim, Órion, o protetor espiritual dele, auxiliado pelas orações, atento, aguardava a hora de se aproximar mais de seu pupilo.

Aquelas almas afins precisavam retomar o fio de seus destinos.

A saudade tomava conta dos dois corações.

Entre eles um rio. Ninguém se atrevia a nadar para o reencontro.

Pérola era o barco que navegava, oferecendo-lhes condução para a difícil travessia.

## *O TEMOR* *

Isis conhecia de sobra a profundeza daquelas águas revoltas!

Um dos dois deveria mergulhar.

Recordava-se dos momentos difíceis, da alucinada paixão que sentiu quando o viu e como tivera que lutar consigo mesma para não violar o sexto mandamento da Lei Divina.

Depois, a doença de Enon, a solidão...

Agora estava descomprometida, livre para seguir seu destino.

Jesiel e Pérola alegravam sua vida, tinha os alunos queridos,

(*) "A todas as interrogações do homem, a suas hesitações, a seus temores, a suas blasfêmias, uma voz grande, poderosa e misteriosa responde: APRENDE A AMAR!" – Léon Denis, *O Problema do Ser, do Destino e da Dor,* FEB, 17ª edição, pág. 369.

amigos que sempre a visitavam. Sua vida, apesar da aparente solidão, era cheia. Mas, ele era o estímulo para continuar seu trabalho. A seu lado, tudo era diferente. O mundo era mais colorido.

Contudo, o medo de sofrer a fazia recuar e temia o reencontro com ele.

Pérola entrou mansamente em seu quarto e encontrou-a meditando.

– Madrinha, incomodo-a?

– Não, meu bem, fique à vontade.

Pérola assentou-se na cama e o assunto versou sobre pinturas mediúnicas. Desejava compreender o estranho comportamento do tio.

– Por que está tão interessada minha filha, você esteve com algum pintor?

– Não, é apenas curiosidade. Gostaria de saber apenas se é possível alguém que desconheça o manejo de pincéis, pintar como um profissional?

– Naturalmente acontece com alguém que já foi pintor em outra existência e apesar de não sê-lo na atual, o conhecimento não se perde. É o caso do gênio. Ele traz de suas vidas pregressas o conhecimento que fica armazenado, aguardando a hora para desabrochar. Em nós, Pérola, reside todo o saber já adquirido.

– A minha vocação para as Artes, principalmente a pintura, seria um desenvolvimento de outras vidas?

– Naturalmente que sim, mas você pode estar desenvolvendo-a nesta. Não é o caso do seu amigo que jamais usou um pincel e pintou um quadro, que você diz, como um profissional.

– A senhora acredita que ele estaria se relembrando de um dom do passado ou estaria sendo assistido por um Espírito de pintor?

– As duas hipóteses são válidas, em que circunstâncias se deu este fato, Pérola?

Constrangida com a pergunta, Pérola não sabia mentir:

– Não posso revelar-lhe, madrinha, porque esta criatura me pediu segredo, mas gostaria que a senhora visse o quadro para ter uma idéia.

– Onde está o quadro?

– Encontra-se em meu ateliê.

– Amanhã iremos vê-lo.

– Combinado.

Isis estava curiosa e, ao mesmo tempo, ansiosa por ver o quadro.

De nada desconfiava.

## *A VISITA AO ATELIÊ* *

Na manhã seguinte, Pérola e Isis vão ver o comentado quadro.

Ao chegarem bem cedo, encontraram Lúcia já acordada. Fazia tempo que não se viam.

Sentia certa sensação de regresso aos tempos antigos, quando Lúcia ainda era solteira. Mas quanta coisa se passara desde então!

Entre elas havia Pérola, era como se a tivessem gerado juntas. Lúcia sabia perfeitamente que sua filha dedicava-lhe um grande afeto, mas sua afinidade maior era com Isis. Nem por isso deixavam de ter um relacionamento sadio. Lúcia acostumara-se com a filha indo e vindo sempre da casa da amiga.

Ao vê-las, Lúcia foi logo contando:

– Kemi está dormindo, deitou-se tarde ontem.

---

(*) "O amor é o resumo de tudo, o fim de tudo." – Léon Denis, *O Problema do Ser, do Destino e da Dor*, FEB, 17ª edição, pág. 369.

– Ele está morando com vocês, agora?

– Não, Isis, foi um acaso, ficamos conversando até tarde, ontem à noite. Graças a Deus, Kemi, aos poucos, está retornando à nossa convivência.

– Isto é bom, fico feliz por ele estar se reencontrando, porque, realmente seu casamento foi um desastre.

– Não apenas um desastre mas Kemi deixou-se dominar pelo álcool, isto é o que mais me preocupava.

– Estou sabendo por Pérola, Lúcia, tenho orado fervorosamente por ele. Não tenho tido outro pensamento a não ser sua melhora.

– Então Deus tem ouvido nossas orações! – suspirou a irmã satisfeita, sem se dar conta de que o filho vinha correndo em sua direção.

## *PEDRINHO E ISIS* *

Pedrinho entrou como um furacão e quase derrubou Isis.

Repreendido pela mãe, começou a chorar.

– Deixe-o Lúcia, ele é muito engraçadinho! Não foi nada... – disse Isis tentando acalmá-lo.

– Volte aqui! Peça desculpas à tia Isis!

– Não peço!

– Peça! – exigiu a mãe.

– Não quero! Ela é feia!

Lúcia ameaçou-o, bastante contrariada com os modos do filho que ela tentava educar. Cedendo aos rogos da mãe, o menino aproximou-se meio contrariado, mas lentamente.

(*) "A reencarnação traça rumos nítidos ao mútuo respeito que nos compete de uns para com os outros." – Emmanuel/F.C. Xavier, *Vida e Sexo*, FEB. pág. 78.

O garoto estendeu a mãozinha que tinha apenas três dedos para ela.

– Não, não é com esta mão que se pede desculpas... É com a outra!...

Corrigido pela mãe, Pedrinho colocou a mão atrás, nas costas e estendeu sua direita para Isis, fazendo uma reverência à moda antiga – inclinou o busto para frente, num gesto muito elegante.

"– Pardon, madame!" – disse em francês.

Espantadas, as duas mulheres se olharam.

– Gente, este menino me impressiona a cada dia que passa! – exclamou a mãe, chorando de tanto rir. – Ele é demais!

– Onde ele aprendeu francês? – perguntou Lúcia.

– Não tenho a menor idéia, mamãe, eu não lho ensinei!

– Este menino é um artista! – exclamou Isis, impressionada. – Esta reverência que ele me fez, mostrou que é um aristocrata reencarnado, já que ninguém lhe ensinou estes modos antigos...

Pensativa, Lúcia lembrou-se das palavras de Kemi:

– Bem que Kemi me avisou. Antes de seu nascimento, disse que ele seria um menino levado e inteligente. Julguei ser conversa de bêbado e não liguei, mas sua profecia se realizou, porque a inteligência de Pedrinho me espanta!

Enciumada com a atenção que a madrinha dispensava ao irmão, puxou-a pelo braço, arrastando-a dali.

– Vamos madrinha, vamos ao ateliê ver os quadros! – chamou a mocinha.

– Vamos!

Saíram as duas e deixaram Lúcia com o filho.

Dirigiram-se ao ateliê, mas o jeito do garotinho não lhe saía da cabeça. Antes de entrar, perguntou à afilhada:

– Pérola, Pedrinho deve ser a reencarnação de algum aristocrata francês. Fazer aquele tipo de reverência e falar em francês é muito não é?

– Concordo, meu irmãozinho é muito diferente!

– Ele me assusta, às vezes, apesar de pequenino... – confessou Isis para a afilhada.

– Impressão sua madrinha. Deixe-o, mamãe saberá como educá-lo.

Aproximavam-se do pequeno ateliê e Isis pressentia estar ali um mistério prestes a ser desvendado. Suas pernas tremiam e o coração batia forte.

## *O PERDÃO* *

Pérola abriu o pequeno quarto.

O sol penetrou pela porta e, na vidraça, uma fresta de luz se projetava no quadro.

Era o dia das surpresas.

– Eis o quadro, madrinha!

Emocionadíssima, Isis aproximou-se, parecia um sonho.

– Mas é você Pérola, quando criança!

As duas observavam o quadro, detalhadamente.

– Estas roupas são modelos do século XIX e este olhar é o seu.

– Achei estranho porque o nome que ele escreveu é o mesmo meu: Perla que significa Pérola.

---

(*) "O amor é de essência divina e todos vós, do primeiro ao último, tendes, no fundo do coração, a centelha desse fogo sagrado." – Allan Kardec, *O Evangelho Segundo o Espiritismo*, FEB, 107ª edição, pág. 187.

Naquele momento, o Espírito de Victorien que as acompanhava, aproximou-se de Isis e inspirou-a, fazendo-a recordar-se da vidência de Dório, quando lhe informara da visita de uma menina loira, vestida de azul e com um ramalhete no braços.

– Espere! Pérola... antes de você nascer... lembro-me do Espírito de uma menina que me veio visitar trazendo flores. Ela também vestia azul com roupas da mesma época... acho que a descrição é tal qual a deste quadro... O Espírito falou que ela estava me presenteando com as flores e me amava muito...

– Foi antes de minha encarnação, madrinha?

– Sim, alguns meses depois, sua mãe engravidou.

– Serei eu, talvez?...

– É muita coincidência... Pressinto que seja você mesma, minha filha.

– Tomara! – disse Pérola gostando daquela história.

– Quem foi mesmo o autor?

– Não posso revelar, ele pediu-me segredo.

Intrigada, Isis recordou-se de algo... além das aparências e confusa, falou emocionada:

– O estranho de tudo isto é que este modo de pintar me é familiar.

Uma voz inesquecível sussurrou, logo, atrás dela:

– Nem pode ser...

Um arrepio percorreu-lhe o corpo, como se estivesse eletrizada e voltou-se ao som daquela voz que emergia das profundezas de seu ser.

Kemi entrara sem que elas percebessem e as observava, calado.

– Kemi!!!

– Sim, sou eu...

Recobrando-se da surpresa, olhou para o quadro e para ele, trêmula justificou-se:

– Estamos admirando esta pintura, mas sua sobrinha teima em guardar segredo do seu autor.

– Posso falar, tio?

– Sim, Pérola, fale.

– Tio Kemi é o autor.

– Eu desconfiava...

– Você pintou sua sobrinha.

– Foi. De repente, quando entrei neste ateliê, não sei se o cheiro das tintas, o ambiente, uma estranha vontade de pintar se apoderou de mim...

– Foi mesmo, ele ficou esquisito e pediu-me para assentar e pintou muito rápido, como nunca vi.

Isis chorava de emoção.

– Por que as lágrimas, Isis? – perguntou Kemi, emocionado.

Isis voltou-se para Pérola, suavemente:

– Pérola você precisa nos perdoar.

Intrigada e confusa perguntou-lhes:

– Ele me pediu perdão quando pintou o quadro e agora vem a senhora com a mesma mania. Afinal de contas, por quê?

– Talvez nos sintamos culpados e necessitamos de seu perdão – explicou-se Kemi.

– Já não é bastante o amor que lhes tenho?

Graciosamente, Pérola pegou o quadro e perguntou:

– Tio Kemi, posso dá-lo à madrinha?

– Faça como quiser, meu anjo, o quadro é seu.

– Madrinha, eu perdôo tudo, não sei bem o quê, mas vocês são dois bobos e eu vou deixá-los a sós, porque devem ter muito que conversar.

## *O ESPÍRITO ENCARNADO* *

Pedrinho encontrando a porta aberta, entrou sem que eles percebessem, absortos com o quadro. Começou a mexer nas tintas e se lambuzou todo, parecia um palhacinho.

Pérola viu o irmão e começou a rir, quebrando a tensão do ambiente que se formava em torno dos três.

– Menino levado, você vai ver! – disse segurando-o pelo braço.

Quanto mais Pérola o impedia, mais Pedrinho se pintava...

Todos riram da criança.

Pedrinho soltou-se dos braços da irmã e se colocou bem à frente de Isis e Kemi, cheio de caretas e malabarismos, exibindo-se...

Em dado momento, o menino estacou eretamente. Sentou-se cruzando as perninhas à moda indiana. Fechou os punhos, cruzou os braços a altura do peito e olhando-os fixamente, disse:

– Aqui estou... assim me reconhecerão... é o meu sinal... Lembram-se?

Os dois se entreolharam espantados.

Pedrinho virou-se para Isis, agora fazendo uma careta:

– Não adiantou você não me querer, aqui estou novamente!

---

(*) "Os inimigos do mundo invisível manifestam sua malevolência pelas obsessões..."

"... Não há coração tão perverso que, mesmo a seu mau grado, não se mostre sensível ao bom proceder." – Allan Kardec, *O Evangelho Segundo o Espiritismo*, FEB, 107ª edição, pág. 200.

– O que?!!! – indagou Isis admirada daquela brincadeira infantil.

Mas, o menino saiu correndo, sem responder e gritando:

– Mamãe, mamãe!...

– Volte aqui, Pedrinho! – chamou-o Pérola.

– Deixe-o ir, Pérola... – disse Isis.

– É melhor eu sair, também...

A mocinha seguiu ao encalço do irmão.

Mas, deu alguns passos... Parou. Assim ficou como se conversasse com alguém invisível...

Os dois a olharam sem compreender.

Pérola, então, virou-se, graciosamente e vendo-os parados olhando-a, retornou saltitante e lhes disse:

– Victorien pediu-me para lhes dizer:

"Finalmente a curva do destino terminou.

Não tenham medo de serem felizes, o amor vence todas as barreiras e será sempre assim...

Isto é "Maktub"...

Deus os abençoe."

## *MAKTUB* *

Pérola desapareceu pela alameda.

Agora, a sós, Kemi perguntou-lhe:

– Quem é Victorien?

---

(*) "O amor salvará o mundo; seu calor fará derreter os gelos da dúvida, do egoísmo, do ódio; enternecerá os corações mais duros, mais refratários." – Léon Denis, *O Problema do Ser, do Destino e da Dor*, FEB, 17ª edição, pág. 369.

– É alguém muito especial que me ensinou a viver.

– Eu o conheço?

– Não, Kemi, ele é um Espírito.

– Ah!

– Pedrinho se referiu à "curva perigosa"... – lembrou-o Isis.

Kemi fez uma careta e respondeu zombeteiro:

– Aquele Espírito que parecia brincar conosco.

– Sim, ele fazia o mesmo sinal que o Pedrinho acabou de fazer!

– É mesmo! – recordou-se, Kemi, achando graça de tudo aquilo.

– Ele quase me enlouqueceu, naquela época...

– Por quê?

– Fiquei o tempo todo preocupada com a curva que deveria atravessar...

Como Kemi permanecia pensativo, Isis continuou:

– Acho que se tratava de um falso profeta que, naquela época, queria nos atormentar, principalmente a mim.

– Como o Pedrinho sabe disto? – perguntou Kemi, agora intrigado.

– Vai ver que ele é o mesmo?

– Você quer dizer que Pedrinho é a encarnação daquele Espírito?

– Acho que é sim, Kemi.

Victorien, em Espírito, ouvia o diálogo dos dois e ansiosamente aguardava que se reconciliassem... Órion, também se aproximou deles, na expectativa de que Isis o auxiliasse, fazendo seu pupilo recordar-se das obrigações assumidas na pré-encarnação.

– Lembra-se do que nos disse aquele Espírito, Kemi?

– O zombeteiro?

– Sim.

– O que ele disse mesmo?

– Ele falou: "O amor é a força da vida. No amor reside a atração das almas para um fim nobre e útil. Coloquem este sentimento que os impulsiona à serviço do semelhante e encontrarão no ideal superior a resposta à sua felicidade."

– Lembro-me, agora Isis... Mas foi um bom conselho, não foi?

– Sim.

– Então, não pode ser um falso profeta...

– É isto que me intrigou bastante e me confundiu...

– Talvez ele tenha se modificado.

– Ou tenha reencarnado... talvez...

Intuivamente, Isis encontrara a chave de seu enigma, sem imaginar que aquele menino levado era o filhinho abortado da antiga personagem Anne-Marie Doré.

E, assim... Não suspeitaram que fora o grande amigo Victorien que os auxiliou a transporem a curva perigosa de seu destino.

– Onde estão seus amigos?

– Dório e Amélia?

– Sim.

– Ambos se encontram no mundo espiritual.

– O tempo passa veloz! – suspirou, ele. – Quantos acontecimentos se sucederam desde aquele dia!

– É verdade, Kemi, mas é sempre tempo de recomeçar.

– Tenho que fazer alguma coisa para aproveitar o meu tempo perdido, Isis, ajude-me?

– Claro, Kemi, sempre o ajudarei, enquanto precisar de mim...

– Minha vida, sem você, não tem sentido... – disse aproximando-se dela.

– Mas, não é assim... Kemi, temos primeiro que procurar o reino de Deus.

– Ensine-me a buscar este reino – suplicou o amigo.

– Há tanto para se fazer... pois enquanto, na Terra, houver crianças passando fome e lágrimas derramando, as criaturas ainda padecerão à procura de um mundo melhor!...

Kemi olhou-a demoradamente, abraçou-a emocionado. Isis correspondeu a seu abraço, agora sem aquela paixão doentia que a fizera sofrer tanto no passado.

– Ainda é tempo de recomeçarmos...

– Não sei, Kemi... Não sou mais uma jovem...

– O Espírito não tem idade, você não diz sempre?

– É... mas se tratando de minha pessoa fico confusa.

– Não tenha medo.

Victorien que os observava, inspirou Kemi a lhe dizer:

– Eu a amo... Não tenha medo de ser feliz!

Isis baixou a cabeça, para que ele não a visse chorar, então Kemi levantou seu rosto e a beijou emocionado.

Depois de corresponder ao beijo pelo qual tanto ansiara, Isis desprendeu-se de seus braços para vê-lo melhor, afastou-se e lhe falou calmamente:

– Não, não tenho medo de ser feliz... E agora sei que tudo estava escrito. Haveremos de construir um mundo diferente, o trabalho no bem nos aguarda.

– Estarei sempre com você, minha vida – disse Kemi, atraindo-a novamente para si –, agora nada irá nos separar.

Outro beijo selou o compromisso daqueles seres que finalmente estavam livres para seguirem, juntos, seu destino.

Lá fora o sol brilhava e, no pequeno ateliê, os dois corações exultavam de felicidade.

*FIM*